札幌農学校の理念と人脈

独自の学風はどのようにして生まれたのか

山本悠三　著

芙蓉書房出版

札幌農学校の理念と人脈　目次

はじめに

明治七（一八七四）年四月内藤新宿試験場に設置が計画された農事修学場を母体に、明治一一（一八七八）年一月開校した駒場農学校は、明治一五年一二月創立の東京山林学校と合併して明治一九年七月東京農林学校となる。その後、明治二三（一八九〇）年六月農科大学として帝国大学に統合されたが、そこでは農学、林学、獣医学の三学科から構成されていた。同校は大正八（一九一九）年二月に東京帝国大学農学部と改称される。

このような変遷を辿った駒場農学校→東京農林学校（以下便宜的に東大農学部とする）には農学のほかに林学や獣医学が含められていたが、いずれも農学に関連した領域ではあった。明治三一（一八九八）年から農学関連の博士号が授与されることになったが*1、東大農学部の卒業生が授与された学位の名称は、農学、林学、獣医学の三種類であった。

それに対して、開拓使仮学校（明治五年四月設置）を母体に明治九（一八七六）年九月に創立された札幌農学校は、校名が農学校という名称にもかかわらず、卒業生が授与された学位の名称は、北海道帝国大学の初代総長となる佐藤昌介（一期生）、新渡戸稲造や同大学の二代総長となる南鷹次郎（いずれも二期生）等は農学博士であったが、広井勇（二期生）は工学博士、宮部金吾（二期生）や渡瀬庄三郎（四期生）は理学博士が授与されている（授与はいずれも明治三二年であるが、南は佐藤や新渡戸より三カ月程後である）。新渡戸はこの後明治三九（一九〇六）年には法学博士を、高岡熊雄（一三期生で同大学の三代総長）も明治四〇（一九〇七）年に法学博士、大正八（一九一九）年に農学博士を授与されている＊2。

そのことは単に博士号の種類に限定されるものでなく、カリキュラムや教員構成でも農学校らしからぬ特色を備えている。それは「生理学、比較解剖学、英文学の教授のため、マサチューセッツ農科大学を卒業した後ハーバード大学で医科を終え医師の免許を持ったゼー・クラレンス・カッターが赴任し、ホイーラーは開拓使・土木技師として又教頭として多忙なため新たに同マサチューセッツ農科大学卒業生セシル・H・ピーボディーを招き、数学及び土木工学の授業を教授させることになり、化学兼予科教頭として東京大学出身の宮崎道正、数学兼予科教員として市郷弘義を、またクラークの計画であった兵式教練のために現役陸軍少尉加藤重任を迎え、創設時代を経過し正規の授業に必要な物件はほぼ完備した」との文脈を一瞥しただけでも＊3、内情は一目瞭然である。

アメリカ人のウイリアム・スミス・クラークとの関係もあり、札幌農学校に勤務した教員の主な供給先がマサチューセッツ農科大学（以下適宜ＭＡＣと略す）であっても、招かれた教員の専門が医学であったり、土木工学であったりと、農学の専門家は必要なかったのであろうかとすら思わせるような教員の配置である（このことはＭＡＣのカリキュラム自体も検討すべき課題ということになるが、第二章の二「札幌農学校の講義内容―マサチューセッツ農科大学との比較―」を参照）。

したがって、札幌農学校は駒場農学校と同様に「農学」の看板を掲げてはいても、駒場農学校の農学とは異なり、農学とは異質とも思われる領域までもが含まれていたと考えられる。そのため、卒業生たちも駒場農学校の卒業生たちに比べると「だいぶん毛色が変って」おり、「朝鮮、台湾などに行く人も多かったし南米のアルゼンチンやブラジルの新天地に雄飛する人も」いたほか、高岡直吉（三期生）、早川鉄冶（四期生）、千石興太郎（一三期生）のように「実業界や政界に入るひとも相当」数輩出した。これは「学風というものが自然に出身者を色付ける」のではあるが*4、そのことから「札幌農学校は厳密な意味での農学校ではなかった」との評価も生まれ、新渡戸をして「農学校と呼んだのは **misnomer** だった」とすら言わせたのである*5。

では、何故札幌農学校は「農学」の看板を掲げていたにもかかわらず、農学校らしからぬ特色を備えるに至ったのであろうか。素朴で単純なこの疑問については、以下に提示する先行の研究文献でも指摘されているのであるが、その解答を見い出すには改めて歴史的な経緯を辿る以外にはない。

札幌農学校に関する研究を見渡すと、既に多くの蓄積があることは明らかである。主要な研究史は『日本近代史における札幌農学校の研究』(代表永井秀夫　一九八〇年)所収の「参考文献」にほぼ網羅されているといえよう。その「参考文献」に関しては本論を展開する中で随時指摘するとして、そこでの記載と一部重複するものもあるが、代表的な文献を挙げておくとすれば、斎藤之男『日本農学史―近代農学形成期の研究―』第一巻所収「札幌農学校」(大成出版　一九六八年)、同第二巻所収「札幌農学校」(大成出版　一九六八年)、農業発達史調査会編『日本農業発達史―明治以降における―』第四巻所収「北海道農業の形成」(中央公論社　一九七八年)、三好信浩『増補版　日本農業教育成立史の研究』(風間書房　二〇一二年)所収「札幌農学校の成立」、同『増補版　日本農業教育発達史の研究』(風間書房　二〇一二年)所収「北海道帝国大学農学部」等がある。

これらの先行研究により、前身の開拓使仮学校から札幌農学校の成立、そしてその後の展開が明らかにされている。

また、札幌農学校の基本的な文献である北海道大学編『北大百年史』は、「通説」(一九八二年)、「札幌農学校史料」(一)、(二)(ともに一九八一年)、「部局史」(一九八〇年)の四部作から構成されているが(以下、引用に際して適宜「通説」、「部局史」等と表記し『北大百年史』を略すことがある)、そのうち「通説」により概観を把握することが出来る。さらに「札幌農学校史料」(一)、(二)は北海道大学附属図書館北方資料室所蔵文書をはじめ、北海道庁所蔵開拓使文書、国立公文書館所蔵公文録等を収集して「編年に配列したもの」(「凡例」)であるが、そこにはおそらく可能な範囲での関係史料が収集されていると思われる(現在、北方資料室所蔵文書は北海道大学の大学文書館に移管されている)。本論も同史料に負うところが多いことはいうまでもない*6。

とはいえ、それらの研究や文献を持ってしても、前述の疑問に対して納得のいく理解が得られているとはいえない。そこで、先行の研究や文献を手掛にしつつ、既存の史料の読み直しと若干の新しい史料の発掘により、札幌農学校における「農学」の意味を再検討していくことにするとともに、それと連動して人材育成に寄与した同校の教養教育についても論じておく必要があるので、その範囲にも視野を広げておくことにしたい。

註

1 日本の博士号の制度は明治二〇年に創設され(運用は翌年から)、当初は法学、文学、理学、工学、医学の五種類であった。その後、明治三一年に農学、林学、獣医学、薬学の四種類が加わり(運用は翌年から)、明治年間は九種類であった。

2 一期生の渡瀬寅次郎(渡瀬庄三郎の実兄)は「札幌農学校史料」(二)によれば明治三一年一月

二三日に農学博士を授与されたことになっているが（四九六頁）、渡瀬昌勝編『渡瀬寅次郎伝』（渡瀬同族株式会社　一九三四年）にはその記述がないので、取得しなかったと思われる。なお、寅次郎の娘の夫が長野県選出の衆議院議員小坂順造である。

3『札幌農学年報　解説・目次』（北海道大学図書刊行会　一九七六年）所収「解説」（高倉新一郎）七頁。セシル・ホーバート・ピーボディーはマサチューセッツ農科大学を卒業した後、さらにマサチューセッツ工科大学を卒業している。

4 有馬頼寧『七十年の回想』（東京創元社　一九五六年）一二二頁～一二三頁。高岡直吉は高岡熊雄の実兄で、島根県知事、鹿児島県知事、門司市長そして札幌市長等を歴任した。早川鉄治は外務省政務局長、衆議院議員等を歴任した。千石興太郎は貴族院議員、農相（昭和二〇年）等を勤めた。これに対して、駒場農学校の卒業生も少数ではあるが、酒勾常明、押川則吉、伊原百介等（いずれも農芸化学科一期生）官界、政界に進出した人物もいる。

5 永井秀夫「札幌農学校と科学技術教育」（『近代日本における札幌農学校の研究』所収　一九八〇年）七頁。なお同文の出展は新渡戸「札幌農学校」（『新渡戸稲造全集』二一巻所収〈教文館一九八六年〉三六七頁）。

6『北大百年史』の「通説」によれば、明治初期から同書の刊行時期までの約一〇〇年間を一〇の時期に区分している。そのうち札幌農学校の部分に関しては、第一章「開拓使と仮学校」一八六九年～一八七六年、第二章「札幌農学校の設置」一八七六年～一八八六年、第三章「札幌農学校の再編」一八八六年～一九〇七年が該当する。本論でもその時期区分を参考とした。

第一章　札幌農学校の創立前史

一、開拓使の設置

札幌農学校の創立は開拓使の設置に由来するため、開拓使の設置に関する経緯を当時の国際情勢を交えつつ述べておきたい。

旧幕臣で蝦夷地探検家松浦武四郎の原案をもとに、蝦夷地から北海道へと改称されたのは明治二（一八六九）年八月であるが、幕末から蝦夷地はロシアの南下に対処する必要性に迫られていた。江戸幕府は安政元（一八五四）年に日露和親条約を結び、エトロフ島とウルップ島の間を国境として設定するとともに、樺太は日露雑居の地として国境を定めないこととした。ところが、そのことがかえってロシアの侵入を呼び込むことになったため、

松浦武四郎

黒田清隆

明治政府は明治八（一八七五）年に樺太・千島交換条約を結んで、樺太を放棄するかわりに千島全島を日本の領土とした。とはいえロシアの南下に対する懸念が解消されたわけではなく、むしろ北海道は宗谷海峡を挟んで地勢的にもロシアと直接対峙することになり、国防上の重要性が増すことになった。

それより少し前の明治二年七月、明治政府は国防上の必要性から当時の蝦夷地に開拓使を設置した。黒田清隆が開拓使の次官を経て長官に就任するのは明治七年であるが、実質的な責任者となるのは明治四（一九七一）年である。その前年の明治三年一〇月に、黒田は北海道の開拓のためには、開拓技術に長けた外国人を雇用すること。また人材を育成すべく、海外に留学生を派遣することなどの必要性を説いていた。黒田は自分の意見が認められると、明治四年一月に七人の留学生を伴いアメリカに向かうことになる。同伴した留学生のうちの一人に、コネチカット州のエール大学で物理学を修め、後年東京帝国大学、京都帝国大学の総長となる山川健次郎がいた。山川は斗南藩というより会津藩の出身で、その頃一七、八歳であった。

また黒田は岩倉具視を団長として同年一一月に出発する遣米欧使節団に、開拓使からも九歳～一六歳までの女性五人を含む七人を派遣することにした。そこには津田仙の娘の津田梅子や山川健次郎の妹の山川捨松（幼名は咲子。改名は渡米時に親が娘を「捨てたつもりで帰りを待つ」に由来する。後に薩摩出身の大山巌元帥の夫人）等、後に各界で活躍する女性たちの名前が見られる。津田と山川はその後明治一五年一一月に帰国するまで、一一年間滞在することになるが、女性の派遣には当時まだ国内には女子教育の機関が未整備であったのに対して、「彼国ニ於テハ婦女学校ヲ設ケ児女十歳ニモ及ヒ候ヘハ入校学術教授ヲ請ケ候ハ一般ノ事」との事情によるものであった*1。もっとも、女子留学生たちのその後の人生が北海道開拓に直接関係することはなかった。

黒田がアメリカをモデルとしたのは、幾つかの先行研究でも指摘されているが、「拓殖事業の溌剌たるを見て、北海道の開発は米国に範を求めねば」と述べていたように*2、新興国のアメリカが、北海道開拓に格好のモデルとなるであろうとの期待が込められていたから、というものであった。

渡米した黒田は同じ薩摩の出身で、前年から駐米少弁務使（公使のこと）をしていた森有礼の協力を得るとともに、第一八代大統領ユリシーズ・S・グラント（共和党、在任期間は一八六九年～一八七七年）の配慮で、開拓使の顧問となるフォーレス・ケプロンを推薦して貰うことになる。ケプロンは当時合衆国の農務局長（実質的な農相）をしていた。さらにグラントは陸軍大尉のジェームス・R・ワッソンを推薦した。ワッソンは開拓使仮学校の教師を勤めながら、北海道の三角法による測量の指導者となるが、契約期間が二年であるにもかかわらず来日後一年で帰国したため、その役目は海軍大尉のマリー・S・デイに引き継がれることになる*3。

また、開拓使では農業や工業等の各分野の専門家を八〇人程採用することとなったが、そのうち半数以上はエドウィン・ダン（来日時二四歳、牧畜）やジョセフ・U・クロフォード（同三六歳、土木、鉄道）、ベンジャミン・ライマン（同三六歳、地質鉱山、水利）等のアメリカ人で、あとはロシア人、イギリス人等であった。クロフォードはペンシルバニア大学、ライマンはハーバード大学の卒業生である。

明治政府のお雇い外国人の総数は約五〇〇人（人数には異説もある）で二五カ国（国数にも諸説ある）に及んでいる。その中でイギリス人が最も多かったが、北海道開拓に関してはアメリカ人が最多数であった（全体では三位）。これにはケプロンやクラークの果たした仲介の労も関係しているといえよう。

グラントが日本側の申し出に対して好意的であったのは、南北戦争（一八六一年～一八六五年）のためアメリカが国際舞台での競争から後退し、その間にイギリスが進出していたことに対する焦りが背景にあったといわれている。また、アメリカが日本に多数の技術者たちを送り出したのは、国際舞台での出遅れに対する焦りのほかに、日本がヨーロッパではなく、アメリカに協力を求めたことを「誇りとすべき」感情が、好意的な態度に繋がったとの指摘がある＊4。

ところで、グラントの推薦を受けたケプロンは一八〇四年の生まれであるから、来日時には既に六六歳に達していたことになる。ケプロン家の発祥の地は遥かに溯ればフランスであるが、そこからイギリスを経て、さらに渡米後マサチューセッツ州に居住して農場を経営していた。ケプロン自身も同じ牧場の経営に携わっていたので、農業に関する素養も深く、また関係する論文を多数発表していた。とりわけ荒地改良策については所見があった。その後全米農業協会の副会長に就任したのであるが、夫人が死去したためイリノイ州で牧畜を営むことになった。そうした実績が認められ、一八六七年に農務局長に就任したのであるが、それは黒田に会う直前ということになる＊5。

ケプロンがトーマス・アンチセル（五四歳、精密地質・化学・医学）とA・G・ワーフィールド（二七歳、鉄道建築・土木）、そしてスチュワート・エルドリッチ（二八歳、医師兼書記）の三人を伴って来日したのは、明治四（一八七一）年八月である。到着直後の九月二七日に、アンチセルとワーフィールドは渡道して地質、鉱山、鉄道、橋梁等の調査に当た

ケプロンの一行(1871年頃)
左からJ.クラーク、ケプロン、ワーフィールド、アンチセル、エルドリッチ

ったほか、農学校の敷地の選定にも携わったといわれている*6。そのうちアンチセルは「現地における全作業の指揮を執るもの」との指示を得ていた*7。

アンチセルに関しては行論に深くかかわることになるので、その経歴について触れておくことにしたい。アンチセルは一八一七年にアイルランドのダブリンで生まれたが、ロンドンにある王立医科大学で医学博士の学位を取得し、次いでパリ、ベルリンで化学の研究に携わった。その一方で母国アイルランドの独立運動にも参加した。一八四八年に家族とともにニューヨークに移住すると、アメリカでは医師、化学教師、地質調査隊員、合衆国特許局勤務を経て、南北戦争中に従軍医師となった。その後、ワシントンD・Cにあるジョージ・タウン大学医学部の教授を勤めていた＊8。

アンチセルの経歴は以上の通りであるが、同伴した他の二人のうち、ワーフィールドはボルチモア・オハイオ鉄道の技師であり、エルドリッチはジョージ・タウン大学卒業の医学博士である。先に述べたアメリカ人たちの多くが来日するのはこの後のことである。

二、学校設立に至る複数の構想

ケプロンは日本に到着した後、北海道開拓にあたって学校の設立が必要なことを説いていた。もっとも北海道、というより蝦夷地の開拓にあたって学校の設立が必要なことを説いたのは、ケプロンが最初ではない。最初の人物は、文久二（一八六二）年に江戸幕府が招いたアメリカ人の鉱山技師で地質学者のウィリアム・B・ブレークである。ブレークはシェーフィールド工業学校を卒業した後、合衆国太平洋鉄道探検隊に参加した経歴を持っている。そのブレークは自然科学の教育のために、江戸または箱館に学校を設立すべきとの提案をし、箱館に坑師学校を設置した＊9。函館（明治二年に箱館から改称）にはその後明治四年、開拓使仮学校の設立よりも早く函館学校が設立されているが、それと坑師学校との関連は不明である。

開拓使ではケプロンの学校設立に関する提案もあって、明治五年四月の開拓使仮学校の設置へと向かっていくことになる。ケプロンは同年一月二日に提出した『初期報文』の中で、設置すべき学校として「確定セル農業ノ方法ヲ日本ニ開ク」には、「府下ノ養樹園及ビ札幌ノ耕作場ニ附属シ、各般ノ農業ヲ教フル学校ヲ起ス」必要があるが、「此両所ノ学校ニハ、化学研究所ヲ設ケ、農学各般ノ業ニ、練達セル教師ヲ置ク可シ、譬ヘバ虫学博士ノ如キ、年々蝗虫ノ為メニ数百金ノ産物ヲ亡フ田家ニ在テハ、無量ノ利益アルベシ」として、その効能まで説いていたように、農学及び化学を中心とした農学校（農科大学に相当する）の構想を抱いていたようである*10。ケプロン自身がアメリカでの農業経験を持ち、農務局長の職務にあったことからすれば、そうした構想を抱くことは不自然ではない。

その構想にはアメリカでの大学環境も関係していると思われる。ケプロンの出身地であるマサチューセッツ州（州都はボストン）には、一六三六年に創立されたアメリカ最古の大学であるハーバード大学やクラークの母校であるアマースト大学等の総合大学のほか、一八六一年ボストン技術学校として創立されたマサチューセッツ工科大学（一八六五年に改称、以下適宜ＭＩＴとする）がある。そのような大学環境の中で一八六七年一〇月マサチューセッツ農科大学が設立された。当時全米では州立の農科大学は三校しか存在していなかったが、その中でもＭＡＣは「トップレベルの農科大学」といわれていた＊11。こうした大学環境の後押しもあって、高等教育機関としての農学校（農科大学）の設置構想に結びついたとも考えられよう。

そのケプロンは来日直後、北海道に輸入すべき動植物の中継農園を東京に設置することを提案した。そこで、明治四年九月に旧松平家の屋敷跡である青山南町に三万七千坪の土地を選んで第一官園とし、主として穀物、豆類、野菜等の園芸作物を栽培した。次に旧稲葉家の屋敷跡である青山北町に五万坪の土地を選んで第二官園とし、果樹、工芸作物の試植を行った。さらに、旧堀田家の屋敷跡である麻布新笄町に四万七千坪の土地を選んで第三官園とし、アメリカ式の農場と家畜場を置いた。なお、第三官園には渋谷村民の民有地三万余坪を併合することになる。その後、明治八年三月に各官園は開拓使農事試験場と改称されることになった＊12。

上記の官園のうち、青山南町の第一官園は園芸技師のルイス・ベーマーに、青山北町の第二官園は農業技師のエドワード・Ｍ・シェルトンに、麻布の第三官園は牧畜技師のトーマス・テーラー（トーマス・チロルか）に、それぞれ責任者として運営を任せた。そのうちシェルトンが退任すると、後任には牧畜専門のダンが担当することになる＊13。その経緯についてはダンの経歴とともに、後述することにしたい。

ケプロンは来日直後から即座にこのような行動を起こしてはいたが、ケプロンはそれ以上の具体的な農学校に対するプランを提示していたわけではない。それに対して、同行したアンチセルはこの段階でより詳細なプランを提起していた。その経緯については従来の研究でも指摘されているが、本論の展開に重要な意味を持つため、先行の研究成果に依拠しつつ論じておきたい*14。

アンチセルは明治五年一月一二日（旧暦の明治四年一二月四日）、黒田宛に書簡を送った。そこには札幌に学校を建てることはひとまず「御見合セ」て、東京に耕作学校を開校することを提案している。アンチセルのこの提案は、黒田が提唱した海外留学生の派遣が「御失費多」いのに対して、耕作学校が「存在スル間ハ尚数百之後生ヲ教育致シ候事出来可申候条利益多ク且ツ永久ノ御設ケカト奉存候」とあるように、経費や継続面での優位なことを説くのであった。また、学校の名称は耕作学校ではあっても、「独リ耕作ニ限」ることなく、各種の技術や貿易、産業、製造法等も同時に教育することが効果的であるとして、器械学並びに器械術、土木学並びに建築学、鉱山学、諸芸ニ用ル化学、医学の五学科を設置するとしていた。

この提案はケプロンの『初期報文』の僅か一〇日後であるが、農学校を主体とするケプロンの提案とは明らかに異なった内容となっている。そこにはケプロンへの対抗意識が見え隠れしているようにも感じられるが、医学科の設置を説いていたことは、アンチセルが医学の専門家であったことと無関係ではないと推測される。

ところが、アンチセルは直後の二月二日、すなわち耕作学校の提案をしてから一月も経過しないうちに、北海道術科大学校の構想を提案するに至った。その設置場所は耕作学校のプランでは消極的であった札幌であり、名称も学校ではなく大学校であった。

北海道術科大学校は「政府誘導ニ因リ人間必用ノ道理及ヒ歳歯ニ応シテ学科ノ順序ヲ定メ以テ学科上及ヒ術科上ニ於テ少年輩ヲ教授スルニ在リ」との趣旨から、七つの専課学校つまり大学校と、大学校への準備教育を行う小学校（名称はともかく中等教育機関と思われる）、それに「商工教諭ノ学校」、「少女ノ学校」から構成されていた。

そのうち、七つの専課学校は建築学系統の造営学校、農学系統の農耕学校、土木工学系統の理街学校、鉱山学系統の鉱山学校、応用化学系統の百工舎密学校（舎密学とはオランダ語 **chemie** の音訳で化学のこと）、社会科学系統の国法及商法学校、医学系統の医学校で、入学資格は小学校の教育を経た一七歳以上の者で、修業年限は二年とされた。また、各学校にはそれぞれ二〇以上もの関連科目が掲げられていたが、二年間で修学しきれるとも思われない科目数であった（『札幌農学校史料（一）』八頁〜一六頁）。

ところで、アンチセルの二つの学校の構想はいつ、どこで練られたのであろうか。アン

東京芝山内の開拓使仮学校
（『図説近代百年の教育』）

チセルの詳しい経歴と併せて、外務省外交史料館、国立公文書館、北海道大学附属図書館北方資料室、北海道大学大学文書館等で調査を試みたが、経歴に関しては先に述べた範囲であり、学校設立の構想に関しては手掛かりを得ることが出来なかった。アンチセルは学校の設置場所を東京と札幌の二つに使い分けていたが、それには土地勘も不可欠と思われるため、作成は来日後とも推測される。しかし、これだけの具体的な構想を来日後の短期間に作成出来るとも思えない。アメリカ在住の頃からアンチセルは独自の学校構想を練っており、来日をその構想を発表する機会ととらえたか、あるいはその構想を具体化することが来日の一つの目的であったと考えるべきであろう。

三、開拓使仮学校の創設

これより少し前の明治三年一二月、渡米にあたり黒田は明治政府に意見書の提出をしていた。そこには「工業学農業学熟達ノ者相選両人雇入申度」と述べられていたように、農学と工学の「熟達ノ者」の雇用を考えていた。そこでの「熟達ノ者」が教員の雇用を想定したものとは即断出来ないが、続いて明治五年一月に黒田が上申した開拓使仮学校の計画によれば、黒田は同校を「農業工業諸課学校」と認識しており、「鉱山学機械学農学其外諸学校教師追々雇入度存候」との指示をしていた。このことから先の「熟達ノ者」は教員の雇用を想定していたものと確認出来るが、その構想自体にはアンチセルの提案と連動する部分があることを推測させる。

その後同年三月一〇日に開拓使仮学校の生徒募集に関する通達を出したが、校長は荒井郁之助で、教頭はアンチセルであった。荒井は明治二年の箱館戦争で、榎本武揚とともに五稜郭に立て籠もった幕府の海軍奉行であったが、荒井の同校の校長への就任は、箱館戦争の時に征討軍参謀であった黒田の推薦によるものである。榎本と同様に明治政府が必要とする人材であれば、旧敵であっても黒田は登用したのである。黒田の開拓使仮学校への対応はアンチセルの構想を受け入れたことが推測されると述べたが、それはまた明治政府の北海道開拓のための人材養成のイメージでもあったとも考えられよう。

このような経緯を経て黒田は開拓使仮学校設立の伺書を正院に提出することになる。場所は東京の芝増上寺本坊と決定し、開校式は同年四月一五日となった。

開校に先立つ三月には全一九条から成る「開拓使仮学校規則」が定められた。その第一条には学校は札幌に建設するが、「其業日浅ク事ニ就ク序有リテ彼地ニ学校ヲ建ルノ暇アラサルヲ以テ先仮学校を東京ニ設ク。故ニ此学校ニ入ランコトヲ願フ者ハ成業ノ上北地開拓ニ従事スルヲ以テ主意ト為ス者ニアラサレバ許容有之間舗候事」と述べられている*15。つまり開拓使仮学校の「仮」という名称には、将来札幌に移すことを予定して創立されたため、それまでは東京で開設するという意味が込められていたのであった*16。そのことはアンチセルが当初東京に、次いで札幌に学校の設置を提唱したプランニングと重なるところもある。ただし、アンチセルの二つの学校の提案はそれぞれに若干体質の異なった学校であることから、開拓使仮学校の東京→札幌の二段階プランとは異なっているといえよう。

ところで、開拓使仮学校の規則には、官費で修学する場合は一〇年間、私費で修学する場合は五年間、それぞれ卒業後に北海道開拓に従事すること（第三条）。あるいは落書喧嘩口論等は一切禁じること（第一〇条）。たとえ放課後であっても夜の一〇時以降は大声を発したり、騒がしい言動は慎むこと（第一二条）。室内は毎朝掃除をして清潔を保つこと（第一三条）等々、卒業後の勤務条件や細部にわたる生活指導関連の規則が記載されている。そこには開拓使仮学校での生徒の内情を物語っているものもあるが、それとは別に着目すべき項目がある。

それは受講科目が紹介されている第一五条である。そこでは学科を普通と専門の二科に分け、さらに普通を二科、専門を四科としている。「普通学」の第一は「初進ノ少年ヲシテコレニ入ラシム」とあり、英語学、漢学、算数、手習、日本地理、歴史等が配列されているが、一見して明らかなように一般教養に相当する科目である。また「普通学」の第二は「初進ヲ経テ一等進ミタルモノヲシテ是ニ入ラシム」とあり、舎密学、器械学、測量学、本草学、鉱山学、農学等の科目が配列されているが、それらは一般教養的な「普通学」第一と比較すると、かなり専門に近い科目となっている。

そして「普通学ヲ修行セシ後ニ専門学科ニ入ラシム」とあり、前述したように専門学が四科で組まれている。第一から順番に舎密学、器械学、画学、第二は鉱山学、地質学、画学、第三は建築学、測量学、画学、第四は舎密学、本草及ヒ禽獣学、農学、画学となっている。そこに見られる科目は普通学の第二に配置されている科目と重なることから、それぞれの連携が重視されていたと考えられる。また、農学が第四に配置されているが、それまで農学は見られないことから考えると、農学に比重が掛かっているわけではない。

したがって、この科目の配列から判断する限り、開拓使仮学校は札幌農学校の前身ではあるが、必ずしも農学校としての特色を打ち出した科目配当とはなっていない。このことからも、開拓使仮学校はケプロンよりも、むしろアンチセルの提案した学校の「体裁をとる学校としてスタートした」ことになる*17。

四、ケプロンとアンチセル

開拓使仮学校はアンチセルが教頭に就任したことにも見られるように、アンチセルの思惑通りに進展していたようである。ところが、その直後からケプロンとアンチセルとの間に確執が生じることになったため、事態は異なった方向に進展していくことになる。その経緯を明らかにしておきたい。

もともとケプロンが日本に同行させたかったのはアンチセルではなくベンジャミン・ライマンであった。ライマンはマサチューセッツ州に生まれ、既述したようにハーバード大学を卒業し、アメリカ各地で地質調査の仕事をしていたが、イギリス政府に招聘されてインドに滞在中であった。そのため、来日が困難となり、代りにアンチセルに声を掛けた経緯があった*18。

また、ケプロンは家庭の事情で大学の進学を断念したのに対して、アンチセルは先に述べたように医科大学卒業の医学博士であった。アンチセルのルーツがアイルランドであったことも述べたが、一八三三年から一八三四年にかけてボルチィモアとワシントンD・Cを結ぶ鉄道の建設現場で暴動が起こった際、その暴動にかかわったのがアイルランド系移民であったことから、ケプロンにとってアイルランド系移民は「ならず者」、「命知らずの凶漢」との認識を抱くようになっていた＊19。

　さらに、二人は来日時には、ケプロンが六六歳であったのに対してアンチセルは五四歳で、同行した若輩のワーフィールドやエルドリッチと比較すると年齢が近いことから、相互にライバル心が芽生えていたとしても不自然ではない。こうした関係からケプロンとアンチセルは最初から反りが合わない関係にあった。それに加えて学校の構想に大きな違いが生じ、ましてアンチセルが教頭に就任したことに加え、構想面でもリードしていたことから、二人の間に衝突が生じるのは時間の問題であった。開拓使では上司の立場にあったケプロンがアンチセルの排除に取り掛かったのは自然の成り行きでもあったといえよう。

ケプロン

ライマン（右）

　ケプロンのアンチセルに対する排除の経緯に関しては、既にある程度明らかにされている。三好信浩氏は外務省外交史料館所蔵のアンチセチル関係文書に依拠しつつ分析を試みている＊20。私も同館で冊子に纏められた関係文書を点検したところ、そこにはケプロンとアンチセルの根深い対立関係が浮かび上がってきた。その結果は三好氏が既に指摘したことでもあるのだが、黒田は明治六年三月に開拓使仮学校の一時閉鎖に踏み切った。理由は開拓使仮学校の風紀が乱れていたためであり、また生徒の大半が外国語を理解出来ないため、訳官の手を経なければ授業が成立しないというものであったが、それが表向きの理由であることは改めて述べるまでもない。黒田は一時閉鎖という手段により、ケプロンの顔を立てるとともに、アンチセルとのそれ以上の対立を棚上げしようと考えたのであろう。

では、ケプロンとアンチセルのどちらに非があったのであろうか。藤田文子氏はアンチセルを「傲慢な地質・鉱山担当者」とする。そして、ケプロンに学歴がないことをアンチセルは批判し、アンチセルがケプロンの下で働くことを忌避する態度にあった。さらに、アンチセルは何度も年俸の増額を求めており、その交渉が長引くと開拓使の責任を問うたのである。そのため、開拓使はアンチセルの解雇に踏み切った。ところがアンチセルは契約を盾にとって日本政府に在職期間中の俸給と帰国費の支給を要求した、としている。つまり、藤田氏はアンチセルの立場に批判的な判定を下している*21。

これに対して、原田一典氏はアンチセルの傲慢な振舞は、ケプロンに対する強い反発からくるものであるとし、アンチセルの態度にも非を認めつつも、藤田氏のように一方的に

芙蓉書房出版の新刊・売行良好書　2002

江戸の仕事図鑑　全2巻

上巻　食と住まいの仕事【1月新刊】
下巻　遊びと装いの仕事【3月新刊】

飯田泰子著　本体　各2,500円

へえー、こんな仕事があったんだ！

看板書、錠前直し、便り屋、井戸掘り、刷毛師、灰買い、鍋のつる売り、瀬戸物焼継、蝋燭の流れ買い、素麺師、冷水売り、歯磨売り、早桶屋、宝舟売り、真田紐売り、湯熨師、足駄歯入、眼鏡売り、団扇売り、煙管師、古傘買、廻り髪結、象眼師、紙屑買、絵草紙屋、小鳥屋、太鼓持ち、かづら師、軽業……

生活用具をつくる人から、ゆとりを楽しむ遊びの世界で働く人まで500種のしごとをすべて絵で見せます。

札幌農学校の理念と人脈　【2月新刊】

独自の学風はどのようにして生まれたのか

山本悠三（東京家政大学名誉教授）著　本体　1,600円

日本の近代化の推進力となる優秀な人材を輩出した札幌農学校の創立から明治30年代までの発展の歴史を描く。その名称にかかわらず、理学・工学・法学などの広範な領域の講義を行い、政界・官界・実業界に進んだ卒業生も少なくない。

◀新渡戸稲造と内村鑑三（ともに2期生）

アンチセルに対して批判的な判定を下してはいない。そして、紛議の過程をみると原因はアンチセルの個性に由来する面が大きいが、開拓使が最も必要とした多彩な技術・知識とそれを多方面に適応する能力をアンチセルは所持していたとしている。そのため、アンチセルは開拓使を解雇された後も大蔵省紙幣局に採用され、紙幣用インクの研究、製造に携わり、勲四等が贈与されていたとする*22。

アンチセルが解雇後に大蔵省に採用されて、その技術が評価されたことから勲四等を贈与されたことを考えると、アンチセルは明治政府にとって有能な人材であったことを意味していたと思われる。それでもアンチセルに対しての評価が全般的に厳しいのは、残された史料が開拓使側（つまりケプロン側）のものであったことが影響しているのであろう。さらに、アンチセルが責任ある立場にありながら、その経歴が上記の範囲内でしか明らかにされないのは、意図的にその経歴やアンチセルにかかわる記録が破棄されたのではないか、との推測は的を得ているといえる*23。

ケプロンとアンチセルの対立は開拓使側の史料に依拠していることから、アンチセルにマイナスのイメージが多く与えられていることは指摘したが、それとは異なった視点からのケプロン評がある。それは、原田氏がエドウィン・ダンがケプロンに対して「魅力に富んだ同僚であったが、多くの人間を組織していくこと、あるいは指導していくことにかけてはゼロであった」と述べている評価を引用して、アンチセルとの紛議の過程をみても、ダンのその評価は適中しているといわざるをえない面があった、と述べていることに関連する*24。つまりダンの指摘は、開拓使が残した史料とは異なった視点が見られることになる。そこで、ダンのケプロン評を見ておくことにしたい。とはいえ、それはあくまでもダンの個人的なケプロン評であることを前提としておく必要がある。

ダンはアメリカ政府の要人でニュージャージー州出身のテームス・ウィルソン将軍の話として、次のような談話を披露している。それによれば、ケプロンは「立派な紳士であった」が、「開拓使の顧問というような人材」ではなく、それよりもむしろ「アメリカ陸軍の一旅団長くらいにおさまっておればよかった」というレベルである。また、ケプロンは「愛嬌はあったが、事業の計画経営者という人柄ではなく、また多くの人の統率者でもなかった」し、「部下をかばうよりは、かえって障りになった」ほどであり、「官僚的で会見をよろこばなかったので、わたしもいさぎよしとせず、あまり会」うこともなかったけれど、「のちにわたしの仕事にだけは、かれこれいわれぬように」心掛けていた、とのことである。

ウィルソンはまた「東京にある開拓使の施設はみな無価値だからはやく北海道に移したがよいと進言した」ところ、ケプロンから「口をだすなと一言のもとにしりぞけられた」

が、「それでも任期継続の契約をする時にかさねて意見をのべて強調した」ことがあった。さらに、畜牛についてもケプロンは肉用論を主張したのに対して、ウィルソンは乳牛説を主張して、この問題についても意見は対立したままであった*25。

以上の人物評から、ケプロンが人望の厚い人物であるとの印象は浮かんでこない。ダンはもし黒田長官がケプロンではなく、ジョセフ・U・クロフォードに「おとらぬような」顧問を得て拓殖計画にあたらせることが出来たのであれば、開拓使の「事態はもっと別になっていたであろう」とも述べていた。

土木、鉄道建設の専門家であるクロフォードは、明治一一年一二月から二年九カ月の間滞在し、明治一三年一一月に完成した手宮（小樽）・札幌間の札樽鉄道の敷設に関係した人物である。その建設には技師のジョン・D・ブラウン、日本人技師の工部大学校教授松本壮一郎、技師平井晴二郎が携わった。松本は明治二一年に第一回の、平井は第二回の工学博士が授与されている。いずれもそれまでにアメリカ留学の経験があり、平井は後述する広井勇の直属の上司となる（第三章一「広井勇と土木工学」を参照）。

クロフォード

ちなみに、札樽鉄道はその後明治一四年六月に札幌・江別間が、明治一五年一一月に江別・幌内間が開通し、手宮から幌内までが全線開通した。それは新橋・横浜間、大津・大阪間に次ぐ日本で三番目に敷設された鉄道であり、アメリカ人が建設に拘わった最初の鉄道である。クロフォードの経歴に関しては既述したようにペンシルバニア大学の卒業で、南北戦争で北軍の大尉として従軍したこと。太平洋中部鉄道会社（ＰＣＲＲ）に勤務していたこと。来日時の年齢が三六歳であること。そして帰国後はペンシルバニア鉄道の副社長補佐、ニューヨーク連絡鉄道の技師長を歴任し、一九二四年に死去したという程度のことしか明らかではない＊26。

また、ダンによれば、その頃の日本は海外の情報に疎かったため、海外の有力者の進言には「一も二もなしに、うのみに」せざるを得なかったとしている。というのは、これも先のコメントに関連するが、グラント大統領が黒田にケプロンを推挙したのは、ケプロンを農務局長のポストから引きずり落とす絶好のチャンスとして利用したからであり、「もっともすぐれた適任者をえられたと信じた」黒田こそ「気の毒」というものであった。さらに開拓使の役人たちも「ケプロンには愛想をつかし、失望落胆、不満の心をいだいた」ほどであったことを伝えている。

ダンは続けて、ケプロンの代わりに「もっと有能な偉人をえていたならばと」思うと、「かえすがえすも残念であ」るとともに、グラントは責任を感じなかったのかとの疑念を提示して、ケプロンとともにグラントにも懐疑の目を向けていた＊27。というのは、グラントはスキャンダルと汚職に塗れ、アメリカ最悪の大統領の一人と評されていたことから、ダンにしてみればグラントの推挙とケプロンの採用は、日本にとって最悪の出会いと選択であったということになる。

ところで、順序が逆になったが、ダンとはどのような人物であったのか。エドウィン・ダン顕彰会刊行の『エドウィン・ダン　日本における半世紀の回想』（一九六二年）に依拠しながら、ダンの生涯を振り返っておきたい。先取りすることになるが、そこにはダンとケプロンには意外な因果関係があったことを知ることが出来る。

ダンは一八四八年アメリカのオハイオ州に生まれた。同州のマイアミ大学に入学したが、家業の牧場経営に携わるため中退した。そして叔父の指導の下に牛馬の育成法を学ぶと、従兄と共同で牧場経営に乗り出すことになった。ダンは「生まれながらの牧人」（一頁）といわれていたことから、牧場経営はダンにとって天職ということになる。

エドウィン・ダン

ところが、アメリカの牧畜の中心が西部に移りつつあったため、ダンの牧場経営も不振となっていった。ダンがケプロンの息子のエー・シー（もしくはアルバート）・ケプロンの来訪を受けたのは、その頃のことであった。開拓使に勤務していた父のケプロンは、アメリカに家畜や種苗、農機具等のほか、米国産の牛の大量発注を求めてきた。その要求を受けた息子のケプロンは、ダンが良質な牛を多数飼育しているとの噂を聞きつけ、ダンのところを訪れたのが最初の出会いであった（三頁）。

その際、息子のケプロンは父のケプロンの下で働いていたシェルトンが畜産学を専攻していたとはいえ、実地の経験がなく業務に支障があったため、辞意を漏らしていたことを耳にしていた。そこで後任が必要となったことを知り、人材を物色中であったところに、ダンが目に止まったのであった。

一八七三年六月、牛と羊を積んだ船がサンフランシスコを出帆した。ダンが初めて日本の土を踏んだのは同年の七月九日であった。当初一年で帰国する予定であったが、日本人の女性を娶り、昭和六（一九三一）年に東京で永眠するまで、一時帰国はあったものの、実に半世紀以上を日本で過ごすことになる。「稀に見る日本贔屓」となったダンは「最後は本国にかえって、出先でした仕事の成果をたのしみながら余生を送ろうというような出かせぎ根性で外国で事業をやろうと思うのは大間違いである」と述べているように*28、北海道の開拓とその後の役所勤務を通して、日本の近代化に貢献をした。とはいえダンは黒田に対して開拓使仮学校をまず「小さな技術学校」とし、「北海道の開発が進展していくにつれて」規模を「拡大する」提案をしたほか（九〇頁）、後述するように札幌農学校では二期生の町村金弥に対して技術指導を行っていたこと。渡米後の佐藤昌介に力添えをしたことなどが知られているが、札幌農学校との関係についてはそれ以上のことは明らかではない＊29。

五、クラークの着任

明治八（一八七五）年八月、開拓使仮学校は当初の予定通り札幌に移されることになる。その際の名称は札幌農学校ではなく札幌学校であった。その名称となった事情については「札幌学校ト改称候条此旨相達候事」とあるだけで＊30、詳しい経緯は分からない。その際、教頭ほか二名の教師を採用するにあたり、八月に黒田から駐米公使の吉田清成に人選の依頼があった。吉田は森の後任で、同じく薩摩の出身であったが、ニュージャージー州にあるラトガース大学を卒業した。黒田が吉田に依頼した際に「今般札幌表へ更ニ農学専門科設置之都合ニ候処」とあるように＊31、「農学専門科」と明記されている。つまり校名に農学の記載はないが、明らかに農学校が想定されている。

そうであるならば、何故移転にあたり当初から札幌農学校の名称を使用しなかったのであろうか、という疑問が生じてくる。札幌には明治五年既に札幌学校という名称の学校が設置されていた。それは明治四年に設置された資生館が札幌学校と改称したものである。それと東京から移転してきた札幌学校との関係は不明な部分があるが、以前からあった札幌学校は東京から開拓使仮学校が札幌学校として移転してきた後は雨龍学校となり、その教育水準も小学校程度とされていた。雨龍学校はその後さらに創成学校となっているとはいえ、一時期二つの札幌学校が併存していたことになる。*32

札幌学校の名称に関して、一期生の大島正健『クラーク先生とその弟子たち』（図書刊行会　一九七三年）では「開拓使仮学校を札幌に移して札幌学校と改称したのは、北海道開拓を目的とする生徒たちに対する教育上の能率を高むるとともに、規模をさらに拡大してこの地に高等農事教育機関を設立するための準備行動であった」（六七頁）と述べている。そして、その解釈の根拠として、調所広丈から黒田宛の「仮学校専門科の儀は畢竟開拓之急務とすれば農鉱工業と御決定相成候処……ケプロン氏之説にては専門の科に至れば農学而已にても教師三名位無之……生徒には先農学専門為相学候はゞ開墾の御用弁にも相成可」も「追々二業共専門科相開き相成可」とする書簡を示している。

この書簡が上記の解釈を裏付ける根拠とはなり得ていないことは、一見するだけでも明白である。それよりも、そこに農学校の名称を使用する必然性を見いだすことは出来ないため、その解釈はむしろ混乱を招いているように思われる。

上記の書簡の文面を素直に解釈すれば、「農鉱工業」とあるように札幌学校の名称には農学のほか鉱学、工学まで含めた、間口の広い学校としたい明治政府の意向を反映していたと考える方が、より妥当な解釈ではなかろうかと思われる。その際「先農学専門為相学候」とあり、その指示として「工鉱二学の儀は追て詮議に可及候事」とあるように、いずれは工学、鉱学を加えるとしても、当面は農学の部門を優先することで、ひとまず人事面での課題を解決するとともに、ケプロンの構想にも配慮したと考えるべきであろう。

とはいえ、先にケプロンが農学校創設を提案したことを述べたものの、それ以上の具体的なプランを提示していないことを述べた。ケプロンの滞日日記である『ケプロン日誌蝦夷と江戸』(西島照男訳　北海道新聞社　一九八五年)で、開拓使仮学校に関する記載を拾ってみると、函館近辺の七重を「開拓使が農学校を作ろうとしているのは、この土地である……非常に魅力的な、しかも日本人にとって、立派な文教の地にならないはずはない」(明治五年六月二八日)、あるいは「七重の官園へ行く。ここはまた、農学校の敷地に選ばれた所である」(明治五年一一月七日)と述べられているだけである。当初、開拓使仮学校の設置場所には七重村が予定されていたとのことであるから(注6を参照)、ケプロンの「記憶違い」ではないとしても、開拓使仮学校への関心の度合はその程度でもあったことになる。

クラーク

調所広文

その札幌学校が札幌移転の翌年九月に札幌農学校と改称して開校し、その教頭（実質的な校長で、名目上の校長は薩摩出身の調所広丈）となるのがウィリアム・スミス・クラークである。クラークはＭＡＣの教え子にあたるウィリアム・ホイラーとデイビット・パース・ペンハーローを伴って、明治九（一八七六）年六月に来日した。人選には先述した吉田公使が尽力し、コネチカット州の教育局長からクラークが推薦されたのであるが*33、どのようなルートでクラークに至ったのか、具体的な経緯は明らかではない*34。僅かな手掛かりとしては、札幌農学校とクラークが学長を務めていたＭＡＣの開校事情が「彼我太だ酷似するものあればなり」とするところに求められようか*35。

クラークは一八二六年七月マサチューセッツ州の医師の家庭に生まれた。既述したようにアーマスト大学を卒業した後、ドイツのゲッチンゲン大学に留学し、「隕鉄の化学的成分」の論文で博士号を取得した。クラークは専門の化学以外の分野では、植物生理学の分野でも多大な研究業績を残していた*36。日本からの要請に対しては「大に悦び、東亜の美帝国に、其姉妹校を興すの一大栄誉なるを以て」快諾した＊37。五〇歳を迎える直前ということになる。そこにはさらに一八六七年に設立して間もないＭＡＣの評価を、日本で広めたいとの思いがあったともいわれている＊38。

札幌学校が札幌農学校と改名したのは、クラークが来日した直後ということになる。そのことから、札幌農学校の「農」の名称には、既に離日したが開拓事業に貢献のあったケプロンの意向に配慮をするとともに、ＭＡＣが掲げる「農科」の看板を引き継いだとも考えられよう（この点に関しては後述することにしたい）。

クラークに随行した人物のうち、ホイラーの専門は土木工学と数学、ペンハーローの専門が植物と化学であった。クラークは二人を残して翌年四月帰国の途に着いたので、在日期間は一年にも満たないが、「少年よ、大志を抱け」があまりにも有名なため、日本での知名度は抜群であり、その業績もよく知られている＊39。そこで、ここでは随行したホイラーとペンハーローの果たした役割について述べておくことにしたい。

この二人に関する評伝の類いは、ホイラーの方がより多く残されている。そこでまずホイラーに関する評伝である高崎哲郎『お雇いアメリカ人青年教師　ウイリアム・ホイーラー』（鹿島出版会　二〇〇四年）、あるいは高崎「ウイリアム・ホィーラー」（『望星』二〇〇九年一二月号所収）に依拠しながら、その人物像を明らかにしておきたい（同書にはホィーラーとあるが、訳語でもあるためここではホイラーとする)。

ウィリアム・ホイラーは一八五一年、マサチューセッツ州ボストン郊外のコンコードに、イギリス人を先祖とする家系に生まれた。ホイラー家は豊かな農家で、ウィリアムは八人兄弟の第四子であった。年少の頃から聡明であったウィリアムは一六歳の時、創立直後のMACに一期生として入学することになる。同期生では最年少であった。

ホイラー

MACの四年間のカリキュラムをみると、農業学、農学演習、酪農演習、獣医学等々の農学関連の専門科目のほかに、雄弁学、天文学、歴史講義、軍事学、景観工学、測量学、地質学、英、仏、独の語学等が配置されている。名称は農科大学であるが、そこには文系、理系を問わず、多様な範囲の科目を確認することが出来る(MACの科目に関しては改めて検討することにする)。

そのMACでホイラーは入学後に土木工学を専攻することになるが、農科大学での土木工学の専攻は一見すると不自然でもある。そのことが札幌農学校の形態にもつながる伏線になっているのであるが、それについては後述するとして、では何故ホイラーは進学先として同じ州内にあるMITではなくMACを選んだのであろうか。全くの推測であるが考えられることとして、一つはクラークの学長としての名声に魅力を感じたこと。また、MITが私立であるのに対して、MACは州立であること。あるいは、入学の難易度に差異があること等々が関係していたのであろうか。いずれにせよ、ホイラーはMACに入学後クラークの感化を受けるとともに、ジョン・K・リチャードソンやマーチィン・H・フィスクの教えにより、土木工学の研究に専念することになった*40。

一八七一年に「農業に応用される土木工学」と題する論文を提出して卒業すると、マサチューセッツ州内の水道や鉄道の設計技師として勤務していた。そんな時期にクラークから日本行きの誘いを受けることになった。クラークはホイラーの土木技師としての手腕を評価していたためである。ホイラーは札幌農学校に赴任した後は研究と教育に専念し、クラークの離日後は教頭として学校運営にも尽力することになる。

次にホイラーとともに来日したペンハーローについて述べておきたい。ペンハーローに関しては『北海道を開拓したアメリカ人』所収の「化学・植物教師ペンハーローと農学教師ブルックス」、あるいは外山敏雄『札幌農学校と英語教育』(思文閣出版　一九九二年)所収の「D・P・ペンハーローの経歴」等に詳しい。それによれば、ペンハーローはホイラーよりも年齢は三

ペンハーロー

歳若く、一八五四年にメーン州キタリー・ポイントに生まれた。そして一五歳の時にMACに三期生として入学した。卒業後大学に残って研究に従事していたところ、先述したようにクラークに誘われて来日することになる。

滞在中の境遇に不満を感じていたホイラーに比べると、ペンハーローは札幌農学校の仕事に満足をしていたといわれているが、それはペンハーローにとって来日が仕事を得られる機会であったこと。そして札幌農学校での講義の大半が自己の専門領域にかかわっていたこと、等々にあったからといわれている。ペンハーローは札幌農学校で化学、植物を担当するとともに、化学の実験室で繊維、農産物、鉱石、土壌などの成分分析を行ったほか、石鹸、蝋燭、マッチその他の製造実験も行っていた。実験室の外では植物、昆虫、動物の標本採集も積極的に行った。帰国後に発表した論文のなかに

新年（1879年）の記念写真
左の2人目からホイラー、ペンハーロー夫人、ペンハーロー、ホイラー夫人
（北海道大学付属図書館北方資料室所蔵）

は、北海道で収集した資料に基づいて執筆したものが多く含まれていたとのことである。

明治一二（一八七九）年にホイラーが先に帰国したため、ペンハーローは教頭代理となり、学校運営の方面にも尽力した。四年余り滞在した後帰国することになるが、帰国後はニューヨーク州の農事試験場に勤務し、その後カナダのモントリオールのマギル大学に勤務することになる。ペンハーローにとって日本での生活がかなり快適であったことは、札幌農学校での研究生活から窺うことが出来る（『北海道を開拓したアメリカ人』一七二頁～一七四頁）。また、同校でのペンハーローの講義は「上手なりき」との評判であったといわれていた（『札幌農学校と英語教育』六七頁～七〇頁）。

註

1 「札幌農学校史料」（一）六頁「女子留学生派遣の儀正院へ伺」。

2 三好信浩『増補版　日本農業教育成立史の研究』（風間書房　二〇一二年）三三七頁。なお、アメリカをモデルとする見解は遣米欧使節団にも共通していた（田中彰「札幌農学校と米欧文化」（「通説」所収）。

3 高倉新一郎編『エドウィン・ダン　日本における半世紀の回想』（エドウィン・ダン顕彰会　一九六二年）三五頁。「通説」ではワッソンの雇用期間は一八七二年四月から一八七四年五月までとなっており、解雇の理由としては「陸軍省へ雇換」とあることから（一四頁～一五頁）、エドウィン・ダンの認識と異なっている。
4　藤田文子「開拓使に雇われたアメリカ人」〈島田正編『ザ・ヤトイ』所収〈思文閣出版　一九八七年〉〉一八四頁「日米相互イメージ」。
5　若林功『北海道開拓秘録』第一巻（時事通信社　一九六四年）二〇二頁～二〇三頁。「開拓使に雇われたアメリカ人」一八五頁～一九〇頁「ホーレス・ケプロンの場合」。
6　『北海道開拓秘録』第一巻一九八頁。三人の専門分野は『明治文化全集』第一七巻「外国文化編」三六〇頁（復刻版　平成四年）による。なお、農学校の敷地は当初函館近郊の七重村に予定されていたが、札幌に変更した経緯がある（『ケプロン日誌　蝦夷と江戸』〈北海道新聞社　一九八五年〉四九頁）。
7　『ケプロン日誌　蝦夷と江戸』五〇頁。
8　藤田文子『北海道を開拓したアメリカ人』（新潮社　一九九三年）三五頁。
9　『北海道開拓秘録』第二巻一六五頁。原田一典『お雇い外国人　開拓』（鹿島出版会　一九七五年）二七頁～二八頁。
10　『新撰北海道史』第六巻（清文堂出版　一九九一年）史料二　七四頁「ホラシ、ケプロン初期報文摘要」。
11　『増補版　日本農業教育成立史の研究』三四二頁。
12　『新撰北海道史』第三巻（清文堂出版　一九九〇年）通説二　四一一頁。『新撰北海道史』論巻史料二（一九九一年復刊）
「ホラシ、ケプロン初期報文摘要」には「将来札幌ニ集ムルニ随ヒ」官園も「同所ニ移サバ、便利ニシテ其費用モ減ズルニ至ルベシ」（七〇頁）とある。

13『エドウィン・ダン　日本における半世紀の回想』三頁。
14 アンチセルの構想については、原田一典「開拓使仮学校考」(一)、(二)(『北大百年史編集ニュース』七号、八号所収　一九七八年)、井上高聡「開拓使仮学校の設立経緯」(『北海道大学文書館年報』三号所収　二〇〇八年)等に詳しい。本論も両稿に依拠するところが多い。
15「札幌農学校史料」(一)一二七頁「開拓使仮学校規則」。

16「通説」三頁。
17 原田一典「開拓使仮学校考」(一)七頁。
18『お雇い外国人　開拓』八六頁。

19『北海道を開拓したアメリカ人』三二頁。

20『増補版　日本農業教育成立史の研究』三四二頁。

21『北海道を開拓したアメリカ人』四五頁～五〇頁。

22『お雇い外国人　開拓』一二九頁～一四一頁、一七六頁～一八二頁。

23『お雇い外国人　開拓』一七六頁。

24『お雇い外国人　開拓』一四一頁。

25『北海道開拓秘録』第一巻二〇七頁～二一〇頁。『エドウィン・ダン　日本における半世紀の回想』五八頁～五九頁。

26『エドウィン・ダン　日本における半世紀の回想』九二頁。『北海道を開拓したアメリカ人』二一〇頁～二一一頁。高崎哲郎『評伝山に向かいて目を挙ぐ　工学博士・広井勇の生涯』(鹿島出版会　二〇〇三年)七八頁。

27『北海道開拓秘録』第一巻二〇九頁～二一〇頁。

28『北海道開拓秘録』第一巻二一七頁、『エドウィン・ダン　日本における半世紀の回想』序。

29 ダンは「札幌の町は、自然が北海道に与えた富の多くを犠牲としてその大学を獲得した」と述べ、「札幌農学校の話は私にとっては心の痛む思い出である」とも述べている（『エドウィン・ダン　日本における半世紀の回想』九一頁）。

30「札幌農学校史料」（一）一七五頁「札幌学校と改称の旨達」。

31「札幌農学校史料」（一）一七六頁「教頭外二名の専門科教師雇入に付吉田公使へ依頼」。

32「通説」二四頁。

33 草原克豪『新渡戸稲造　一八六二～一九三三』（藤原書店　二〇一二年）ではコネチカット州教育局長の位置にあったノースロップに人選を頼んだとある（六三頁）。その点は「通説」でも親日家のノースロップに人事を依頼したとあるが（三一頁）、いずれも明らかなのはその範囲までである。

34『北海道を開拓したアメリカ人』にケプロンとの関係をはじめ、若干の経緯が紹介されている（一四五頁）。

35 札幌農学校学芸会編『札幌農学校』（北海道大学出版会　一九七五年）二六頁。

36 逢坂信忢『クラーク先生詳伝』（丸善　一九五六年）を参照。

37『札幌農学校』二六頁。

38『北海道を開拓したアメリカ人』一四五頁～一四六頁。

39 クラークに関しては、大島正健『クラーク先生とその弟子たち』（図書刊行会　一九七三年）、ジョン・マキ『W・S・クラーク　その栄光と挫折』（北海道大学図書刊行会　一九七八年）、太田雄三『クラークの一年』（昭和堂　一九七九年）、小枝弘和『ウィリアム・スミス・クラークの教育思想の研究』（思文閣出版　二〇一〇年）等を参照。なお、クラークの明言が札幌農学校の学生や予科の生徒の間に広く唱えられるようになるのは、明治三〇年代に入ってからで、それは校風意識の高まりにともなうとの指摘がある（秋月俊幸「校友会誌からみた札幌農学校の校風論」〈「通説」所収〉六〇七頁）。

40　ＭＡＣの場合には、一八六二年制定のモリル法の適用を受けることにより、ＭＩＴと補完関係にあったことがホイラーのＭＡＣへの進学に影響していることが考えられる（『増補版　日本農業教育発達史の研究』一四七頁）。モリル法とは工学、農学関係の州立大学を設立する州に対して、国有地を無償で払い下げるなどの優遇措置を取った法律であるが、この問題に関しては後述することにしたい。

第二章　札幌農学校の展開と人脈

一、学生募集と一、二期生

札幌農学校の創立時点では幾つかの課題があった。その一つは教育内容をどのように確定していくのかであり、もう一つは学生募集にかかわる問題である。前者についてはマサチューセッツ農科大学の教育内容との関連から次に述べることにして、先に学生募集にかかわる問題について見ておきたい*1。

そこで、学生募集に関する経緯が詳しく述べられている草原克豪『新渡戸稲造　1862～1933』（藤原書店　二〇一二年、以下適宜『新渡戸』とする）に依拠しながら、この間の事情を述べておく。新渡戸は明治一〇年に入学した二期生である。

文久二（一八六二）年生まれの新渡戸は一一歳になった明治六（一八七三）年、東京外国語学校の英語科に入学する。同校は翌年東京英語学校と改称されるが、明治一〇年東京開成学校と東京医学校が合併して東京大学が創設されると、東京開成学校の普通科（予科に相当）とともに東京大学の予備門となる。さらに、明治一九（一八八六）年には第一高等中学校に、明治二七（一八九四）年には第一高等学校へと発展していく。ちなみに、英語科の抜けた東京外国語学校は、後に東京外国語大学へと発展していくことになる。

そうした経緯についてはともかくとして、新渡戸は東京英語学校で四年間学んだ後に中退して（その時点では東京大学予備門）、明治一〇（一八七七）年八月札幌農学校に入学のため渡道する。通常東京大学予備門を卒業すると、東京大学に進学するのであるが、新渡戸は卒業するよりも前に、それとは別な道に進んだことになる。それには東京英語学校の西村貞教諭から、自然科学の重要性を聞いて感銘を受けたこともあるが、新渡戸の一年前に東京英語学校を卒業し札幌農学校に進学した佐藤昌介も、新渡戸と同じコースを辿っていた。そのような進学ルートの意味を札幌農学校の内部事情に即して見ておきたい。

明治九年に創立した札幌農学校では、先に述べたように、どのようにして学生募集を行い、一学年二〇名の定員を確保するのかが緊急の課題となっていた。そのため事実上の校長となるクラークは（制度上は教頭）、自ら他校に出向き学生の募集を呼びかけた。その呼びかけに応じて、東京英語学校からは一五人の学生が集まることになった。実際に渡道したのは、このうちの一〇名であったが、その一人が北海道帝国大学の初代総長となる佐藤昌介であった。

佐藤昌介の評伝である佐藤昌彦『佐藤昌介とその時代』（北海道大学出版会　二〇一一年復刊）によれば、佐藤は新渡戸と同じく南部藩の出身であるが、安政三（一八五六）年の生まれであるから、文久二（一八六二）年生まれの新渡戸より六歳年長ということになる。進学が遅れたのは、病気と家庭の事情が重なり大学南校（明治二年創立、東京開成学校の前身）を退学したことなどによる。そのため、佐藤は既に大学南校を卒業していた旧友の鳩山和夫（後の衆議院議員）、小村壽太郎（後の外務大臣）、穂積陳重（後の東京帝国大学教授、枢密院議長）等に遅れをとっていた。

佐藤昌介

そうした境遇に加え、クラークの勧誘が佐藤に札幌農学校への進学を促す切掛けとなったようである。クラークは学生募集のため他校に出向いたことは述べたが、その一つとして東京英語学校にも出向いていたのであった。そこで、佐藤はクラークの説教に共鳴して札幌行きを決意したといわれている。

とはいえ、それだけで未開の原野に等しい新天地に行く決心をしたわけではない。それには官費生のため学費が無料という好条件によるところが大であった。無料なのは学費のみでなく、生活費のすべてが支給されたのであった。佐藤も新渡戸もこの好条件が札幌へと向かわせた大きな要因であったことは間違いない。

また、佐藤は当時の書生は皆大臣や参議になることを望んで大言壮語をするものばかりであったが、自身は東北出身で幼少の頃から蝦夷地の話を聞かされたため、彼の地で実学たる農業を学んで将来に役立たせたいと判断したことが、渡道に踏み切らせる要因であったとしている（『佐藤昌介とその時代』九頁〜一〇頁）。

それは後年の付け足し話とも思われるが、クラークの説得が功を奏したこともあり、既述したように東京英語学校から一〇名の入学希望者を迎えることが出来たのであった。その他、東京開成学校普通科からの進学者が一名、それに札幌学校からの進学者一三名を加えた、総勢二四名が一期生として入学することになった。明治九年八月のことである。

ところが、入学後の講義はほぼアメリカ人の教員により英語で行われたため、講義についていけずに中退する学生が続出した。中退する学生はとりわけ札幌学校からの進学者が多かったといわれている。そのため四年後に卒業出来たのは一三名であったが、卒業後開拓使での配属が決まらぬうちに、出田晴太郎が死去している。出田については「おわりに」で若干触れることにする。

1879年の札幌農学校全景（北海道大学附属図書館所蔵）

一期生の卒業生のうち、東京から進学してきた生徒で、東京英語学校からの進学者としては、佐藤のほかクラークが札幌を離れる際に残した、「少年よ大志を抱け」の名言を後世に伝えたといわれる大島正健、後に農業振興家として知られ、四期生の渡瀬庄三郎の実兄にあたる渡瀬寅次郎、そして卒業直後に死去した出田晴太郎等七名。それに東京開成学校普通科の出身で、作家の黒岩涙香の実兄にあたる黒岩四方之進を加えた計八名である。したがって、札幌学校の出身者は五名ということになるが、そのうちの一人が卒業生総代の荒川重秀である。荒川は学力不足で中退者の多かった同校からの進学者であった。その学校からの進学者である荒川が、後に北海道帝国大学

黒岩四方之進

渡瀬寅次郎

大島正健

総長となる佐藤を抑えて卒業生総代に選ばれたことは（佐藤の卒業順位は二位）、入学後に猛勉強をしたことも考えられるが、同校からの進学者の学力にはかなりのバラツキがあったとも考えられよう。

荒川は江戸の本所（現墨田区）の出身で、芝の開拓使仮学校に入学し、同校の札幌移転にともない渡道し札幌学校に在学した。札幌農学校を卒業した後は開拓使の仕事に従事する規定に従い、民事局勧業課に勤めることになるが、後に同期生の佐藤と渡米して、アメリカの大学で学位を取得することになる。ちなみに夫人は調所広丈の長女である。その婚姻は将来を嘱望されてのことであろう。帰国後は東京日日新聞（現毎日新聞）に入社し、英文欄の担当をすることになった。そこで『修善寺物語』の作者岡本綺堂と知己になり、演劇の世界へと転身していくことになる*2。

札幌学校からの進学者としては、小野兼基が卒業後開拓使に在職中ドイツとアメリカに一年づつ在住し、開拓地の植民

小野兼基

伊藤一隆

制度や地方制度、小作法等を研究した。帰国後はその知識を活かして開拓行政に従事することになる。伊藤一隆も同じく開拓使の物産局に勤務し、アメリカで主に水産関係の施設を視察した。帰国後は支笏湖のサケ、マスの人工育卵施設の整備、ニシンのかすの製造、漁場の区画整理問題を手掛け北海道の水産業界に多大な貢献をした*3。海外で彼らの活動を支えたのは、いずれも札幌農学校で修得した高度な語学力であったといえよう。

東京開成学校普通科からの唯一の進学者で、数学を得意とした黒岩四方之進は、卒業後学務局督学課を振り出しに、御料局に勤務して日高の御料牧場で二〇数年働いた。その後、退官して釧路の直別村で生涯にわたって開墾事業に従事することになる*4。

大島正健も黒岩と同じく学務局督学課に勤め、それから札幌農学校に勤務することになる。そこでは予科の生徒に対して数学と英語を担当し、明治二六（一八九三）年に同志社英学校に勤務するため母校を去るまで教壇に立ち続けた。予科ではあるが、大島は母校の教壇に立った最初の卒業生である。後に「英文学紹介者」としての業績を残し*5、昭和三（一九二八）年、七〇歳の時に「古韻の変遷」の論文で京都帝国大学から文学博士を授与された*6。札幌農学校の卒業生で文学博士は大島以外には「恐らくあるまい」といわれている*7。

入学する生徒の話をすべきところが、卒業後の進路にまで話が及んでしまったので、話を元に戻して二期生の入学事情について述べておきたい。二期生の入学は翌明治一〇年九月であるが、二期生の募集はさらに困難を極めることになる。

一期生の募集にはクラークが直接出向いたが、二期生の募集時にクラークは既に帰国していたので、MACを卒業した後、札幌農学校開校時からクラークの書記兼通訳をしていた堀誠太郎が、東京大学予備門の生徒たちに対して熱弁を奮うことになった。その効もあって、東京大学予備門から一一名、工部大学校予科から五名、その他旧長崎英語学校の生徒二名の合計一八名が応じることになった。工部大学校とは明治六年に技術者養成のため、工部省（明治三年創設）に設置された工学寮付属の工学校が、明治一〇年に改称したもので、翌年から始業をしていた。明治一八年に東京大学に合併されるが、その教頭がスコットランド出身の土木技術者ヘンリー・ダイアーである。

東京大学予備門からの進学者は、中退となる太田（以下新渡戸とする）稲造のほか、内村鑑三、宮部金吾等である。また、工部大学校予科からの進学者は広井勇、町村金弥、池田（以下南とする）鷹次郎等である。いずれも後世に名を残す逸材揃いであった。彼らは東京大学予備門や工部大学校予科を卒業した後に、それぞれ東京大学や工部大学校等の上級の学校に進学する機会があったにもかかわらず、札幌農学校を選んだのは、官費生制度の存在が大きかったことはいうまでもない。それは工部大学校では官費生になれなかった南や町村が、札幌農学校に官費生の制度があることを「吉報」と受け止めたことに集約されているといえよう*8。

二期生も卒業までのハードルが高く、卒業したのは一八名中一〇名であったが、病気などで佐久間信恭ほか二名が一年遅れで卒業した。このうち新渡戸と宮部そして広井については第三章で触れることにして、その他の人々について紹介をしておきたい。

二期生のうち内村は成績が抜群で、卒業生総代として答辞を述べた*9。二期生の卒業順位としては二位が宮部、三位が高木玉太郎、四位が南、五位が足立元太郎、六位が新渡戸であった（以下略）。もっとも、内村を除けばその順位に大きな差異はなく、ほぼ紙一重であったといわれている。また卒業後の進路は一期生と同様、開拓使に勤務することが義務であったために、内村、広井、新渡戸、町村はいず

内村鑑三

れも民事局勧業課、宮部、南は学務局督学課、高木は物産局製煉課、足立は物産局博物課に勤務することになる*10。藤田九三郎は工業局土木課に勤務したが、藤田は札幌農学校の二期生では広井とともに土木工学の専攻で、寮では広井と同室であった*11。

卒業生総代の内村鑑三（一八六一年〜一九三〇年）は第一高等学校に勤務していた明治二四（一八九一）年一月、教育勅語の奉読の際に起きた不敬事件で知られる。開拓使勤務の後はアーマスト大学に留学をしたが、不敬事件の後は著述に専念し『日本及び日本人』（明治二七年、後に『代表的日本人』と改題）や『余は如何にして基督信徒となりしや』（明治二八

札幌農学校でキリスト教の洗礼を受けた1期生と2期生
前列左から2人目が新渡戸稲造、右から3人目が宮部金吾、
後列右から3人目が内村鑑三、5人目が佐藤昌介

年）等を発表していく。また、明治二五年創刊の『萬朝報』では創刊者で、一年先輩の黒岩四方之進の実弟にあたる黒岩涙香と行動をともにしたが、涙香との交流にあたり、四方之進との関係は幾分か作用したようである*12。

町村はルーツが越前国（現福井県）の武生の出身で、先述したようにダンから家畜の指導を受けるとともに、ダンの後任として真駒内の牧場長となった。町村はその後も道内の開墾事業や直営農場の指導にあたった。後年北海道知事となる町村金五の祖父である。

南は肥前国（現長崎県大村市）の出身で、後述するが卒業後さらに駒場農学校に学び、獣医学の研究に従事する。既述したように佐藤の跡を継いで、北海道帝国大学の二代目の総長となる。高木は札幌農学校在学中から化学に才能を発揮した。卒業してからの詳しい経緯は明らかではないが、後に住友家に入り樟脳精錬試験に従事することになる。独学でドイツ語やフランス語を修得し、ゲーテを原書で読みこなすほどの語学力があった。

町村金弥

南鷹次郎

岩崎行親

足立は江戸の本郷に生まれた。札幌農学校在学中から畜産と昆虫に関心があったが、卒業後は養蚕事業の発展に尽くし、札幌農学校に勤務した後に横浜の生糸研究所の所長を勤めた。その他、数学や物理に優秀な成績を修めた藤田九三郎は、先述したように卒業後開拓使の工業局に勤務して、北海道の土地調査に貢献したが、身体が「甚だ頑強*13」であったにもかかわらず、結核を患い三五歳で逝去した。さらに、二期生の最年長（入学時に二一歳）で鹿児島の造士館長となり、多くの人材を育成した岩崎行親等がいた*14。

なお、三期生は明治一一（一八七八）年の入学であるが、それまでの面接に代りこの年から入学試験が行われている。それが実施出来るということは、それだけ入学者の増加が見込めるということでもあるが、それでも大阪英語学校にまで「生徒中ニ当使ノ召募ニ可応者可有之ニ付右ニ而不苦ハ相募候」と呼びかけていたことを考えると*15、生徒募集には依然として困難な状況が続いていたと考えられよう。

二、札幌農学校の教育内容―マサチューセッツ農科大学との比較―

次に札幌農学校の教育内容に関する検討をしておきたい。

札幌農学校は明治九（一八七六）年八月に本科が開校した（開校の時点では札幌学校、九月八日から札幌農学校と改称）。本科には下部組織に予科（もしくは予備科とも呼ぶ）があるが、ここでは本科に関する検討を行う。本科の修学年限は四年間である。

先に札幌学校から札幌農学校へと校名に新たに「農」を付して改称したのは、ケプロンの功績と理念に対する配慮と、クラークが学長をしていたマサチューセッツ農科大学の校

設立当時のマサチューセッツ農科大学

名に影響されたためであると述べた。そのことは開拓使長官の黒田清隆が札幌農学校の開校式の式辞の中で、「農業ハ拓地殖民ノ道ニ於テ将サニ専務トスヘキ」と述べて、意図的に強調していたことにも現れていた*16。しかし、本命は「農業工業諸課学校」にあった黒田にしてみれば、農学校へと向かう事態は内心穏やかではなかったのであろうか。

その点についてはひとまず置くとして、札幌農学校のカリキュラムはＭＡＣのそれを参考にして設定されていくことになる。そこでＭＡＣと札幌農学校のカリキュラムを比較する必要があるが、この課題については三好信浩「札幌農学校の教育」（『広島大学教育学部紀要』二六号所収　一九七七年）、及び同『増補版　日本農業教育成立史の研究』所収の「札幌農学

校の成立」に詳しく論じられている。そのうち前者の趣旨はほぼ後者に再録されているが、前者ではアメリカとヨーロッパとの比較にまで論及しており、背景説明がやや詳しく述べられている。

三好氏の研究にはいずれも、MACと札幌農学校のカリキュラムの比較表が掲載されている（表1）。表1によれば、MAC、札幌農学校ともに農学系、理学系、工学系に分かれた専門科目、語学と一般教養から成る教養科目、そして教練の三つの種類から構成されている。

そのうちMACでは農学系、理学系、工学系の専門科目の合計が約六五％、教養科目の合計が約一九％であるのに対して、札幌農学校では三系統の専門科目の合計が約七〇％、教養科目の合計が約二一％となっており、比率に若干の違いがあるものの、ほぼ同じ割合と考えてよいであろう。

ところが、三好氏は札幌農学校では、専門科目のうち農学系の比率がMACと比較して小さいとの解釈をしている。三好氏によれば農学系の時間数は実習を合わせても二三しかなく、英語の時間数二二よりも少ないとある（原文のまま）。しかし、表1によれば農学系は実習の時間数が二三で、それに農学の一〇、園芸学の六、畜産学の九の計二五時間を加えると計四八時間となり、英語の時間数の二倍以上となる。また、MACと比較しても時間数の割合に大きな開きはない。したがって、三好氏の解釈は必ずしも妥当とはいえないことになる（それよりも三好氏の見誤りとも考えられる）。

それに対して、札幌農学校では理学系の科目の比率が八％ほどＭＡＣよりも多い。また農学系と比べても理学系は一三％以上も多くなっており、その意味からすれば札幌農学校は「理学校といった方が適当である」との批評が三好氏により加えられている。この点に関するそれ以上の三好氏の注釈はないが、表1を見る限り理学系の中でも化学と生物の比重が特に大きい。そのことは札幌農学校のみならずＭＡＣでも同様の傾向を示している。それらはクラークが得意とする専門分野でもあったが、宮部金吾はクラークが「化学の研究をして居るうちに、植物学に対しても非常な趣味を持ち、殊に植物学と化学との関係つまり植物生理学の方面に余程興味を抱いて居た」との指摘をおこなっている*17。

さらに、三好氏はＭＡＣも札幌農学校もいずれも、工学系の専門科目が少ないとしている。確かにともに一三％前後であるが、農学系の中から実習を除いた割合がＭＡＣの場合約一四％、札幌農学校の場合約一一％であるから、農学系の専門科目と比べてみると、必ずしも工学系の専門科目の比重が少ないとはいえないことになるが、工学系の専門科目に関しては多少の補足が必要となる。

というのは、ＭＡＣの場合は「農工業の技術に関係する学問の諸分野を教授する」農工

表1　マサチューセッツ農科大学と札幌農学校のカリキュラムの比較

		Massachusetts Agricultural College (Jan.1876) 科　目	時間		札幌農学校（Mar.1877） 科　目	時間	
専門①農学系	農学	Agriculture	19		Agriculture	10	
		Agricultural Review	4	24			10
		Agricultural Debate	1				
	園芸学	Market Gardening	2				
		Landscape Gardening	2	6	Landscape Gardening	3	6
		Floriculture	2		Fruiteculture	3	
	畜産学	Veterinary Science	9		Veterinary Science and Practice	6	9
		Animal Physiology	3	14			
		Stock and Dairy Farming	2		Stock and Dairy Farming	3	
	実習	Manual Labour	33	33	Manual Labour	23 +α	23
		合計　77時間（24.8%）			合計　49時間（22.3%）		
専門②理学系	化学	Organic and Practical Chemistry	8		Organic and Practical Chemistry	8	
		Agricultural and Analytical Chemistry	8	27	Agricultural and Analytical Chemistry	8	30
		Quantiative Chemical Analysis	7		Quantiative Analitical Chemistry	8	
		Inorganic Chemistry	4		Chemical Physics and Inorganic Chemistry	6	
	物理	Chemical Physics	5	10			6
		Physics	5		Physics	6	
	生物	Botany	9		Botany	10	
		Zoölogy	5		Zoölogy	3	
		Entomology and Zoölogy	3	24			19
		Human Anatomy, Physiology and Hygience	3		Human Anatomy and Physiology	3	
		Microscopy	4		Microscopy	3	
	地学	Astronomy	4	7	Astronomy and Topography	6	10
		Geology	3		Geology	4	
	数学	Geometry	9		Geometry and Conic Sections	6	
		Analytical Geometry	4	18			12
		Algebra	5		Algebra including Logarithms	6	
		合計　86時間（27.6%）			合計　77時間（35.8%）		

		Massachusetts Agricultural College (Jan.1876)			札幌農学校 (Mar.1877)		
		科　目	時間		科　目	時間	
専門③工学系	図学・測量	Trigonometry	5		Trigonometry and Surveying	6	
		Surveying	5				
		Topographical Surveying	4				
		Drawing	8	33	Mathematical Drawing and Plotting	3	15
		Levelling and Drawing	5		Mechanical and Topographical Drawing	3	
		Free-hand Drawing	6		Freehand and Geometrical Drawing	3	
	工学	Mechanics	5		Mechanics	6	
		Road and Railroads	3	8	Roads, Railroads and Hydraulic Engineering	6	12
		合計　41時間 (13.2%)			合計　27時間 (12.6%)		
教養①語学	国語	English	7		Japanese	6	
		English Literature	8	17			6
		Lectures on English Language	2				
	外国語	French	14		English	12	
		German	13	27	History of English Literature	6	22
					English and Japanese Translations	2	
					English and Japanese Composition	2	
	語法	Elocution	2		Elocution	4	
		Declamation	4	7	Extempore Debate	2	7
		Original Declamation	1		Original Declamation	1	
		合計　51時間 (16.4%)			合計　35時間 (16.3%)		
教養②	その他	Mental Science	4		Mental Science	4	
		Rural Law	1	8	Political Economy	4	12
		Book-keeping	2		Book-keeping	4	
		Thesis	1				
		合計　8時間 (2.6%)			合計　12時間 (5.6%)		
教練		Military Drill	40		Military Drill	16	16
		Military Science	8	48			
		合計　48時間 (15.4%)			合計　16時間 (7.4%)		
合計		311時間			215時間		

三好信浩「札幌農学校の教育」(『広島大学教育学部紀要』26号、20頁)をもとに作成

学校の設立に向けて国有地の無償の払い下げを定めたモリル法（一八六二年に制定）の適用にあたり、マサチューセッツ工科大学の存在を前提とした農学と工学との補完関係が築かれていた。そのため、ＭＡＣでは工学系の専門科目が一三％程度の科目数であっても、ＭＩＴの存在がそれ以上の補完を出来る態勢にあったと思われる。したがって、両校併せた工学系の専門科目数はその程度の比率ではないことになる。先に述べた土木工学を専攻したホイラーがＭＡＣを進学先に選んだのは、その関係を前提としていたことも考えられる。

これに対して、札幌農学校にはＭＩＴのような補完関係にある学校が存在しないため、工学系専門科目は札幌農学校のみでしか配当されていない。つまり、工学系専門科目の比率はそこに示された数値以上とはならないことになる。このことが、後に佐藤昌介が札幌農学校の組織改革を行う上で、新たに工学科の設置を提案するに至る下地ともなっていくと考えられるが、それに関しては後述することにしたい。

とはいえ、札幌農学校には上記のような比率であっても、ＭＡＣをモデルに工学系専門科目が配当されていたことは、当初「農業工業諸課学校」を目指していた開拓使の学校構想に多少なりとも近づくことになり、黒田等の関係者にとって「意外な結果を招いた」ことにもなる＊18。

その他、三好氏は札幌農学校での「一般教育の性格」としては、語学を重視したこと。話法を取り入れて農業問題の討論をさせたこと。軍事教練を導入したことなどを指摘している。軍事教練の導入にはロシアとの緊張関係が想定されていたと思われるが、後述するように南北戦争の体験を経て設置されたMACの特色を移植したともいうべきであろう。ただし、語学教育に関しては札幌農学校とMACとの間にはかなりの差異が認められる。というのは、札幌農学校の語学関係では、国語つまり日本語の時間数はMACの国語つまり英語の時間数と比較すると、三分の一程度に過ぎない。それに対して、外国語（英語）は日本語の約四倍近い時間数となっている。ところが、MACの外国語（仏語と独語）は国語つまり英語に対して四割程度の時間数となっている。MACで外国語（仏語と独語）が少ないことが、そのまま外国語の軽視には結び付かないとしても、それ以上に自国語の学習時間にスペースを割いており、その対応には顕著な差異が見られる。

また、MACでは独語、仏語のみの表示であるから、会話と読み書きにそれぞれどのくらいの配分がなされているのかは判明できないが、札幌農学校では英文学史や翻訳、作文にも時間配分が明記されていた。このような時間配分が、新渡戸をして「殆ど全然的に英文学を志す」と言わしめたのであった*19。新渡戸の同期生で、先述したように病気のため一年卒業が遅れた佐久間信恭は、後に熊本の第五高等学校の教授を勤めるなど著名な英文学者として知られるようになる。ちなみに五高での同僚が小泉八雲である。

さらに、軍事訓練としての教練が実施されていたが、それはクラークが重視した科目でもあった。既述したように、クラークは南北戦争に従軍した経験があったため、MACでも教練を実施したのであるが、札幌農学校でもロシアの南下に対応する必要があったため踏襲したのであった。これも既述したが、開拓使は明治一一年に陸軍士官学校の卒業生である加藤重任に札幌農学校の兵式体操を担当させた。ただし、時間数の割合もMACに比較して札幌農学校の比率はかなり低かった＊20。

とはいえ、札幌農学校の授業は必ずしもカリキュラム通りに行われてはいなかったようであり、カリキュラムも年度によっては変更があったため、入学年度により学生たちが履修した科目や教育内容、時間数は一致してはいなかったとのことである＊21。

なお、教養科目と専門科目との関連でいえば、殆どが君主制国家のヨーロッパでは高等教育が市民のための教育となる必要が無かったのに対して、アメリカでは専門教育よりも市民の実践能力の形成を目指す上で、教養教育の必要性が不可欠であったことを説いている。とはいえ、アメリカにあって通用する教養教育の論理が、市民社会の成熟度合が低い当時の日本で、どこまで浸透していったのかは不透明であるといわねばならない＊22。

そのことから、札幌農学校はMACの教育理念と教育内容を受け継いだが、農学の看板と教育内容の実態が十分に融合することなく始動したところがある。とりわけ教養教育と専門教育の融合には、社会的条件の差異も加わり、MACとの間に顕著な相違があった。

札幌農学校のこのような事態の進展に対して、三好氏は「開拓使が当初予定した北海道開拓に必要な農工諸術の人材養成という教育目的から乖離していくようになる」とのコメントをしているが*23、このコメントには若干の疑問を持たざるをえない。確かにMACの教養教育的な色彩を受け継いだ札幌農学校は、北海道開拓に不可欠な農工鉱業の技術教育に特化し切れない体質を引きづることになる（この点は第二章五「佐藤昌介の対応」を参照。「おわりに」でも改めて触れることにしたい）。その限りで三好氏の指摘は間違いではない。しかし、札幌農学校の成行きが当初開拓使仮学校を設置した際の目的から乖離していくことを危惧した黒田にしてみれば、MACの教育内容を取り入れたことは、予期に反してという表現が適切であるかどうかはともかく、札幌農学校が結果的に開拓使仮学校が掲げた「農業工業諸課学校」に多少なりとも近づいていた、との認識にあったのではなかろうか。だからこそ先述したように「意外な結果を招いた」との評価に繋がるのではないかと思われるのだが。

MACの教養教育的な色彩については、そのことも批判要因の一つとなり、この後明治一八（一八八五）年八月に、参議の伊藤博文の命を受けた太政官大書記官の金子堅太郎により、『北海道三県巡視復命書』における札幌農学校批判に繫がっていくことになるが、それに関しては改めて述べることにしたい。

三、初期の卒業生の動向

札幌農学校の教育内容についてはまだ検討すべき余地が残されていると思われるが、以上のことから札幌農学校は「農学校といいながら、農学の専門科目の比重が意外と小さいこと」が指摘されている*[24]。ということは、農学校でありながら農学以外の専門科目の比重が相対的に大きかったことを意味していることになり、それだけ農学以外の分野へ進出する可能性が備わっていたことになるといえよう。

そうした環境の下で育った札幌農学校の初期の学生たちの動向を、在学中から卒業後の時期までを見渡して検討しておきたい。

一期生は明治一三（一八八〇）年七月に卒業した。当時の学校制度は入学が九月で卒業が七月である。その後、二〇世紀に入ると義務教育機関が四月入学となり、大正中頃から順次高等学校、そして大学が四月入学となる。そうした変遷はともかくとして、一期生では荒川重秀が卒業生総代であったことは述べたが、卒業生のうちの六名が卒業演説を行った。演説の題目とその担当者としては、渡瀬寅次郎「農ハ職業中ノ最モ有用最モ健全ナル最モ貴重ナルモノナリ」、大島正健「戦争ナケレハ勝利ヲ得ルナシ」、佐藤昌介「北海道殖民論」、荒川重秀「協同ハ以テ百事ヲ成スヘシ」等々であったが、そのうちの三名は英語によるスピーチであった（演説の具体的な内容は殆ど不明である）。

なお、一期生は卒業式の数日前、佐藤、荒川、大島の三人が卒業生を代表して、学位の名称を農学士ではなく理学士にして貰いたいとの要望を提出して＊25。これは先に札幌農学校がカリキュラム面からみても、「理学校といった方が適当である」とした批評にも関連していると思われる。この要望は認められなかったが、こうした要望が出されたことは、卒業生たちに理学士に拘る深層心理が示されていたともいえよう。

そのことはひとまず置くとして、札幌農学校の授業はアメリカ人教師によるため、当然のことであるが英語で行われており、そのレベルは卒業までに半分の脱落者を出すほどであった。したがって、卒業に漕ぎ着けた学生たちの英語力は、かなりのレベルに達していたことを示している。その一人である佐藤は札幌農学校に入学する以前、東京英語学校を卒業していたことは既述したが、さらに四年間アメリカ人教師の下で英語力を磨いたことになる。とはいえ、佐藤が卒業後に就いた開拓使の官吏の仕事には、必ずしも高度な英語力は必要とされなかったようである。また、札幌農学校での農業技術と実際の農業実務とにも隔たりがあり、佐藤は卒業後の身の振り方に腐心をしたようである。

明治一五（一八八二）年二月に開拓使が廃止されると、同年七月同期生の荒川とともに渡米する。そして、佐藤は既述したようにエドウィン・ダンの力添えもあって*26、一時ニューヨーク州マウンテンヴィルのホートン農場で働くことになる。その後、メリーランド州ボルチモアにあるジョンズ・ホプキンス大学に学ぶことになった。創立者のフルネームを冠した同校は札幌農学校と同年の一八七六年に設立された新しい大学であったが、アメリカでは最初の大学院に重点を置く研究中心の大学であった。佐藤はそこで農政学（農業経済学）を専攻したが、佐藤がそうした専門分野に進んだのは、もともと作物技術など理系の分野が不得手であったこともある。

佐藤は明治一九（一八八六）年八月に帰国したが、それまでに学術調査のためドイツ、イギリス等を回った。在米中の学費や生活費等は開拓使が廃止された後、札幌農学校を所管する農商務省による留学手当の支給を途中から受けることになったが、当初は私費留学であった。そのため、盛岡時代に藩校の作人館でともに学んだ旧友の原敬が経営していた『大東日報』にアメリカ通信を送って、「何ほどかの稿料を得て学資の一端に供し」ていた*27。原はこの後第一次西園寺公望内閣の内相時代、札幌農学校の東北帝国大学農科大学への昇格（明治四〇年）に尽力することになる。

二期生の卒業は翌明治一四年七月であった。二期生は既述したように一〇名であったが、一期生と同じく卒業にあたって演説会が開催され六人が演説をした。そのうち足立と新渡戸、高木の三人が、それぞれ「快哉苦後ノ楽」、「農業ハ開明ヲ賛ク」、「化学ト農業ノ関係」の演題をいずれも英語で行った。広井と宮部、内村は日本語で演説をしたが、その三人の演題はいずれも農業、漁業に関するものであった（一期生と同様具体的な演説内容は不明である）。

二期生も卒業後開拓使に奉職する義務があったが（準判任官、月俸三〇円）、開拓使は既述したように翌明治一五年二月に廃止され、北海道の行政は函館、札幌、根室の三県に分割して管轄されることになった。そのためこの後、卒業生たちは開拓使を辞職して、各自で進路を探していくことになる。先述の佐藤や荒川が渡米したのも、そうした進路探しの一つの結果でもあったといえよう。

外山正一

明治一四年に卒業した新渡戸は、翌年から札幌農学校の予科で教鞭をとることになったが、さらに明治一六年に東京大学に入学することを決め、上京することにした。その時に面接を行ったのが、後に東京帝国大学の総長となる外山正一であった。ところが、入学してはみたものの、授業内容に満足することが出来ず、翌年退学することになった。その一因に教授の外山よりも、学生の新渡戸の方が英語力では上回っており、両者の力量の差は「まるで中学生と大学の先生くらいの差がある」ことによるものであった＊28。そのため中途で退学して、佐藤と同じく渡米してジョンズ・ホプキンズ大学で経済学、歴史学等を学ぶことになるが、新渡戸については改めて述べることにしたい（第三章三「新渡戸稲造と農政学、植民学」を参照）。

佐藤や新渡戸が新たな行き方を求めて渡米する一方で、札幌農学校では卒業生を自前の教員として養成すべく、卒業後に東京大学等で研究することを推奨していた。そこで明治一四年に卒業した二期生の宮部を東京大学へ、同じく南を既述したように駒場農学校へ派遣することになった。宮部の専門が植物学であるのに対して、南の専門は獣医学であるが、南は後年獣医学はもとよりのこと農学全般の大家となっていく。

二人は二年後の明治一六年に札幌農学校に戻り、教員として採用されることになるが、宮部は卒業する一年前の明治一三年の春、森源三校長から呼び出しを受け、「卒業の上は君を本校の植物学教官にしたい。その準備として、明年卒業後は直ちに東京大学へ送り、植物学を先づ二箇年専修させ、その上機を見て更に洋行もさしてやるから、そのつもりで健康に充分注意して能く勉強する様に」と申し渡され、併せて「この事は君一人にとどめて、卒業まで決して誰にも話してはならぬ」と口止めされた経緯があった。宮部はこの申し出に対して、「こんな嬉しいことはなかった。これで私の一生の方針がはっきりきまった」との感慨を漏らしていた。もっとも、東京大学では辞令が下りるのに時間が掛り、さらに手続きも面倒であったため、正式に辞令が下りたのは明治一四年一一月であった。つまり、宮部が卒業してから四カ月後のことである*29。宮部についても改めて述べることにする（第三章二「宮部金吾と植物学」を参照）。

明治一七（一八八四）年になると、二期生の宮部や南に続いて、札幌農学校では同じく自前の教員を養成すべく、共に四期生の渡瀬庄三郎には動物学研究を、佐瀬辰三郎には化学研究を奨励すべく東京大学に派遣した。渡瀬は札幌農学校に勤務することはなかったが、佐瀬は明治一九年から明治二八（一八九五）年まで在職した。

渡瀬庄三郎

志賀重昂

ちなみに、明治一三（一八八〇）年に入学した四期生は（官費生が定員に達したため明治一二年の入学者は無し）、四年後の明治一七年に一七名の卒業生を送り出したが、渡瀬や佐瀬以外では『南洋時事』や『日本風景論』等の著書で知られる地理学者で衆議院議員となる志賀重昂、外務省政務局長、衆議院議員等を歴任した早川鉄治等がいた。

志賀は愛知県の出身で、東京大学予備門から札幌農学校へと進学している。三宅雪嶺と政教社を設立して『日本人』を創刊し、国粋主義の論陣を張ったが、「日本の過去の教育者は福沢諭吉翁であるが、未来の教育者は新渡戸稲造君である」と語ったように、新渡戸の感化を強く受けた一人であった。もっとも、志賀は学友たちと比べ若干異質な存在だったようで、常々口癖のように「オレは間違って此学校へ来た」と漏らしていたほか*30、後に「札幌の卒業生中只二人だけ、ちっとも農学で飯食つて居ない者がいる」が、それは「内村と僕さ」と述べていたことなどにも表われていた*31。

さらに、四期生の同志たちとともに「学術研究之為メ」明治一四年二月に設立した尚友社で*32、討論会を開催した際に、他の友人たちは「廃使置県の可否」あるいは「現今の北海道を治むるに自由、干渉両主義孰れが是なる」等の演題であったのに対して、志賀は「関西貿易会社設立之可否」という演題を選んでいた*33。もっとも見方を変えれば、そのような異質な人材をも包摂出来る土壌が札幌農学校にはあったことにもなる。

なお、志賀が自身と同じく札幌農学校では異色とした内村について補足しておくと、卒業時の演説は「漁業も亦学術の一なり」であったように、当初は水産の研究に関心を持っていたようである。そのことは卒業後に「千歳川鮭魚減少の原因」をはじめ鱈、鮑に関する論文を続けて発表していたことでも明らかである。さらにそれより前、三年生に在学中『農業叢談』二号に「米の滋養分」を発表していた。それは内村の最初の論文でもあったが、これらのことから、内村は志賀が言うほどには農漁業への関心を持たなかったとはいえない＊34。とはいえ、その後の経歴をみると宮部が批評したように、内村が「札幌農学校の副産物であ」ったことは的外れではない＊35。

早川は岡山県の出身で、佐藤や新渡戸と同じく東京英語学校から札幌農学校へと進学しており、ドイツに留学した経験がある（「はじめに」を参照）。

先に佐藤と荒川が渡米して勉学を続けたことを述べたが、彼らが途中から官費の支給を受けたのは、帰国後に札幌農学校に勤務することを前提とするものであった（荒川は札幌農学校には勤務しなかった）。この後明治一九（一八八六）年七月に宮部と渡瀬庄三郎がアメリカへ官費留学を命じられている。宮部はハーバード大学で植物学の研究を、渡瀬はジョンス・ホプキンス大学で動物学の研究を行っている。渡瀬は動物の中でも昆虫、とりわけ蛍の研究に関心があった。

宮部も渡瀬も国内留学に続いて海外留学となったが、そのことから札幌農学校の彼らに寄せる期待がいかに大きかったかが窺われる。それは宮部が在学中に既述したように「機を見て更に洋行もさしてやる」と告げられていたことにも示されている。渡瀬は札幌農学校に勤務することはなかったことは述べたが、海外留学から帰国した後は東京帝国大学理科大学に勤務することになった。宮部の留学事情については改めて述べることにする。

さらに翌明治二〇年になると、二期生の新渡戸と広井がそれぞれ同年札幌農学校の助教に採用された後、ドイツに留学を命じられている*[36]。このように卒業生たちは続々と勉学の機会を与えられていくことになるが、新渡戸や広井がドイツに留学を命じられた背景には、明治二一（一八八八）年から札幌農学校ではドイツ語が正課となっていたように、ドイツ科学を摂取する気運が急激に進展していたことと関連する*[37]。ちなみに、助教は明治二四（一八九一）年から助教授に改められる。

そのことは、既述部分と重複することにもなるが、開拓使仮学校から札幌農学校へと変遷する過程では、外国人教師の果たした役割が大きかった。しかし、その代償としてお雇い外国人全般に言えることであるが、支払う給料もまた莫大である。そのこともあり、札幌農学校が高等教育機関として整備されていくと、教員を自前で養成していく態勢が整えられていくことになるが、優秀な卒業生たちを海外に留学させるに至った背景には、そのような事情も含まれていたと考えられよう。

四、『北海道三県巡視復命書』の提出

札幌農学校が自前で教員を育成しようと踏み出した頃、札幌農学校の行末にとって重要な懸念が示されていた。それが先に述べた、金子堅太郎による『北海道三県巡視復命書』の提出である。同書は本文のほか土地売買規則改正の議等七カ條から成り、約六〇頁程度の分量であったが、結末から述べておくと、この復命書が「第一、県庁及び管理局を廃止し其定額金を合併して、殖民局を設置し、以て北海道拓地殖民の政務を振興すること」となるのである＊38。

その成り行きはひとまず置くとして、太政官大書記官の地位にあった金子は参議の伊藤博文の命を受けて、明治一八（一八八五）年北海道の視察に赴いた。金子は嘉永六（一八五三）年、福岡藩士の家柄に生まれ、明治四年旧藩主の黒田長知に随行して渡米した。アメリカではハーバード大学で法学を専攻して、帰国後元老院に入り伊藤の秘書官を務めていた。後に第三次伊藤内閣で農商務相、第四次伊藤内閣で法相に就任した。いわば伊藤の懐刀ともいうべき存在であった。

金子堅太郎

金子は札幌農学校に関しての見解をも表明していたが、

それ自体が復命書の目的ではない。明治一五年二月に廃止された開拓使の後、既述したように北海道は函館、札幌、根室の三県に分割統治されていた。さらにその翌年、農商務省に北海道事業管理局が新設されることになり、三県が一般行政、北海道事業管理局が開拓事業を担当することとなった。所謂三県一局時代である。ところが、三県と北海道事業管理局との間には意志の疎通を欠くことが多く、行政の効率は甚だしく低下していた。金子の主な見解はそうした事態を憂慮してのことである。二期生の内村は、この時期札幌県御用掛となり、小樽で鮑の研究に携わっていたが、役人の腐敗ぶりに耐えられなくなり、官職を辞することになった一幕もあった*39。

金子が北海道の視察を行った前の年、元老院参事官の安場保和が視察を行った。安場は肥後熊本の出身で、遣米欧使節団の一員として欧米を視察したことがあった。そして、明治一七年六月から九月まで北海道を視察して、千島警備及び北海道開拓に関する七議案を伊藤参議に提出していた。その安場は次に視察に赴く金子に対し、三県に分割された北海道行政の弊害を助言していた。金子は明治一八年七月二二日から一〇月二日にかけて視察を行い、同月伊藤宛に復命書を提出した。その内容は北海道行政の弊害を指摘したものであったが、金子は植民行政機構の確立と、黒田以来の薩閥の弊害を除去して中央の政治方針を浸透させる課題を担っていた。

そのため、金子は安場が提案した殖民局の設置案を継承するとともに、長官には「才学ある人材」を当てること。また、殖民監査官を設置して殖民局の施政を監督させることなどを提言していた*40。「才学ある人材」の表現には薩閥人事への批判が込められていたようにも思われる。以上のことから、金子の視察報告には北海道行政一般に及ぶものであったことが見て取れるが、ここでは札幌農学校に関する金子の提言を中心に検討しておくことにしたい。

『北海道三県巡視復命書』における札幌農学校に関する言及の部分を見ると、「葡萄酒製造、及ビ農学校ノ二件」が北海道事業管理局の事業としては「尤モ北海道ニ適当セザルモノ」とある。そのうち葡萄酒に関する言及としては、葡萄の繁熟は温暖の燥土に限るものであるから、北海道のような「寒冷ノ湿地」での収穫は「望ムベカザルモノナリ」というものであった。そのため「予メ土地気候ノ如何ヲ熟察セズシテ葡萄酒製造ノ業ヲ創」めたことは「無益ノ事業タルヲ免レズ」ということであった。札幌農学校の問題が葡萄酒の製造と束ねて論じられていたため、葡萄酒の製造にも目配りをしておいたが、両者に直接の関連があるとも思われない。というより、札幌農学校の存在は葡萄酒の製造と同等程度の認識にあったということにもなるが、そのことはともかくとして、葡萄酒製造を除いた札幌農学校に関する部分に絞って金子の見解を見ておきたい。

金子によれば、札幌農学校は北海道を開拓するにあたり、「第一ノ機械（機会カ――引用者注）ナリ」と主張するものがいるが、これは「席上ノ空論」であって、「拓地殖民ノ実際ヲ知ラザルモノ」の主張というべきでものである。というのは、アメリカやイギリスの植民地（後者はカナダを想定していると思われる）で農学校が設置されているところはどこにも見られない（事実認識としては明らかな誤りである）。例え設置されたところで、原野が日々に耕作地となるわけではなく、農産物が月々に輸出額を増加するわけでもない。また、鋤鍬を握って荒野を開拓する人々を見ても、彼らは必ずしも農学校を卒業しているわけではなく、ごくごく「普通ノ英、米人」であると述べる。

さらに、札幌農学校はアメリカでは第一位といわれるアーマスト農学校（農科大学）から教師を招聘したり、その「規模ニ則トリ、之ヲ建設シタモノ」であったとしても、その組織や教科の課程は「悉ク高尚ニ過ギ、開墾ノ実ニ暗」く、実情には不適切であると言わねばならない。そもそもアーマスト農学校は、金子が以前アメリカに留学した際立ち寄ったことがあるが、その大学の目的は「全ク学理的ノ農学ヲ教ユル」ところにある。そのため「今日、之ト同種ノ学校」を北海道に設置したとしても（この点に関してはすぐ後でコメントをする）、「決シテ其拓地殖民ノ実業ニ」とって利益とはならないことは「信ジテ疑ハザル所ナリ」というものであった。

以上のことは札幌農学校を事例としつつ、北海道事業管理局の現況を批判したものでもあることはいうまでもない。北海道事業管理局は「北海道及ビ、内地ニ於テ」も「益ナキ事ヲ論ズルモノ甚多イ」状況にあるとされていた。とはいえ、北海道事業管理局の仕事がすべて無益であるというわけではなく、その欠陥としては管理の方法が的を得ていないことにある。そのため「今一歩ヲ進メテ之ヲ論ゼン」とすれば、そもそも三県制度それ自体が北海道の行政に不適切である、というところに行き着くのである。

そこで、北海道事業管理局の仕事としては、「独リ農工ノ二事ニ止ル」こととし、それ以上に業務を拡大した場合には、「県治一タビ、其当ヲ得ザルトキ」は北海道の開拓地や殖民はいうまでもなく、「百般ノ事業悉ク、其害ヲ免ルルモノ少」くないため、「平心虚気深ク、県治ノ適否ヲ鑑ミ、以テ其利害ヲ論究セザルベカラズ」とあり、北海道が県治制度に不向きな実例を六点列挙していた*41。

六点に及ぶ事例への論及の中に、札幌農学校は含まれていない。論及は北海道行政全般に関するものであるため、ここでは省略することにして、繰り返すことになるが、金子の主張は札幌農学校への批判の形を借りて、三県一局の行政制度全般に対する批判を展開していることは明らかである。とはいえ、金子の原体験でもある海外留学に依拠しつつ、札幌農学校への批判も以上のような形で展開していた。その批判には札幌農学校の教養主義的な体質に対する批判も含まれていた。金子というよりも明治政府の高官にしてみれば、それは「北海道開拓には直接あまり役立たな」いとの判断が働いたといえよう*42。

なお、先にコメントをしておいたことであるが、金子は「之ト同種ノ学校」をＭＡＣではなく、アーマスト農学校と認識している。ＭＡＣはボストンと争って一五〇㎞西方に位置するアーマストに誘致される際、アーマスト市民に五万ドルの市債を起こさせるなどした経緯がある*43。そのような経緯はともかくとして、金子は同校をアーマスト農学校と認識していたとすれば、金子の認識もその程度のものでしかなかったことになる。

五、佐藤昌介の対応

明治一九（一八八六）年の一月に三県並びに北海道事業管理局が廃止されることになり、同月新たに北海道庁が設置されることになった。そして、札幌農学校は農商務省農務局の管轄下から北海道庁への所管となる。初代の長官には岩村通俊が就任した。岩村は土佐藩の出身で、鹿児島県令や沖縄県令等を歴任し、この後は第一次山県有朋内閣の農商務相、さらには貴族院議員等を務めた。

ところで、所管がどこであったとしても、金子による札幌農学校批判は学校の存立にかかわる重大な意味を持つものであったことに変わりはない。そうした事態に対して、最も危機感を持って対応したのが佐藤昌介であった。佐藤は既述したように明治一九年八月に海外留学から帰国すると、同年一二月には札幌農学校出身者としては最初の教授に就任することになった。

その佐藤は同年一一月「札幌農学校ノ組織改正ノ意見」と題する意見書を岩村長官宛に提出した*44。それによれば佐藤は在米中札幌農学校の改革に向けて、参考とすべく「該国農学校ノ景況」の調査を「御命令相蒙」ったため、「各種農学校」の組織や課程等を調査して「先般帰朝致」した。その調査項目に基づいて、札幌農学校の組織改正に関する見解を表明しようとしていたのであった。なお、佐藤は同年一月の北海道庁の設置にともない、在米中のまま三月に北海道属となる。そのため、この調査は北海道庁からの指示であれば、調査期間は同年三月から帰国する八月までの間ということになる。

ところが、佐藤の報告によれば「己上ノ調査」は一八八五年に実施されたとある。ということは、佐藤が「御命令相蒙」ったのは北海道庁ではなく農商務省からの指示ということになる。帰国後岩村に報告書を提出したのは、その時点で札幌農学校が北海道庁の所管となっていたからであるが、提出先がどこであろうと、佐藤の危機感は札幌農学校関係者の危機感を代弁したものでもあったといえよう。

その意見書は大きく「米国農学校ノ景況」と「札幌農学校ノ組織改正ノ意見」の二章から構成され、さらに前者は六項目、後者も六項目の事項が掲載されている。この構成から前者の趣旨はアメリカの実情を紹介することにあり、後者の趣旨はそれに基づいた札幌農学校の組織の改革を提言するものであることは一目瞭然である。

そのうち、前者の「米国農学校ノ景況」には「農学校の来歴」が述べられている。それによれば、アメリカの農学校は看板に農学校と掲げてあるが、実態は農工学校であり、それは一八六二年のモリル法の制定にまで溯るものである。そして、この「法律ノ精神ニ遵」って設立された農工学校は、この時点（一八八五年）で三〇余校に達している、としていた*45。先にこの法律が制定された後の一八六七年にマサチューセッツ農科大学が設立されたが、その当時はアメリカ全土で農学校（農科大学）は三校しか設置されていないことは既に指摘した。したがって、モリル法に基づく農学校（農科大学）の設置は二〇年近くの間に、ほぼ一〇倍に拡大していたことになる。

さらに、モリル法の「作用ハ之ヲ三種ニ区別シ得可シ」としていた。第一種は「新規ニ農工専門ノ学校ヲ創立」したメーン州、マサチューセッツ州、ペンシルバニヤ州、ミシガン州等の八州。第二種は「農工学校創立ノ資本ヲ基トシ更ニ大学校ヲ起シ其内ニ農工ノ分科ヲ置」いたニューヨーク州のコーネル大学、さらにはアラバマ州、ケンタッキー州、テネシー州等の九州。第三種は法律上の土地を受けたものの「新規ニ農工学校或ハ普通ノ大学ヲ起スニ努メ」ることなく「其土地ヲ従来ノ大学校或ハ専門校ニ与ヘ農学ノ一科ヲ其学校中ニ起サシメタ」ニューハンプシャー州のダートマス大学、ロードアイランド州のブラウン大学、コネクティカット州のシェフィールド理学校等の三州である。

その説明に続いて、佐藤はメーン州農学校、マサチューセッツ州農学校、ペンシルバニア州農学校、ミシガン州農学校について具体的な検討を行っている。いずれも第一種に属する州の農学校（農科大学）である。

それらのうち、ミシガン州農学校は「農学科工芸科ノ二科」から成ると記載されているだけであるが、それ以外の農学校についてはやや詳しく論じられている。そこでメーン州農学校を見ると、農学科、土木工学科、器械工学科、理学科の四科から構成されている。そのうち、理学科では農用化学を主に教授しており、それ以外には本草、動物、昆虫、地質、鉱物等の諸理学が開設されているとの指摘をする。また、マサチューセッツ州農学校については、農学、本草学、化学、動物学、数理学の五科に及んでおり、工学科は開設されていない（学科としては設置されていないが、先に述べたように工学系の専門科目は配当されている）。それは「波士頓《ボストン》技芸学校」すなわちＭＩＴが設置されており、それと補完関係となっているためである（既述したように波士頓技芸学校はＭＩＴの創立時の名称である）。この補完関係については既に述べたが、そこではさらに「永遠資金ヨリ生セル利益」は三分の一が波士頓技芸学校（ＭＩＴ）に、三分の二が農学校（ＭＡＣ）に配分されている、としている。

さらに、ペンシルバニア州農学校についてみると、この農学校は一八五九年に設立されており、当初の目的は「簡易ノ農学ヲ教授スルニアリシ」が、一八六二年のモリル法の制定以後はペンシルバニア州農学校と改称し、農学のみならず「各種ノ専門技術ヲ教授スル所」となった。そのため普通理学科、羅甸及理学科、普通農学科、化学及物理学科、土木工学科、博物学科の六学科から構成されており、一見「繁冗ナルカ如」く見えるが、各学科で同一の科目があるため「殊更ニ多数ノ教官」を必要としてはいない。また、「時間割ノ整理」が「宜シキ」ため、幾つにも分科されていない学校で「授業スルト」大差のない状況にあるとしていた。

第一種以外の農学校（農科大学）についても佐藤は詳細なレポートをしている。そのうち第三種はひとまず略すとして、第二種は「農学校ノ資金ヲ基トシ」て大学を起こし「農学ヲ以テ其一分科トセル」ものであるが、それは「西方ノ諸州」に多くみられ、ネブラスカ大学やミネソタ大学が該当する。そのうち前者では農工の両科を二年から農学と工学に分けて、農学科では農学関係の学科に含密学や本草学を加え、工学科には幾何学、製図の

「如キ学科ヲ専修スルニ至」るとともに、選科も設置して「自他ノ学課ヲ選択交換スルノ便宜」が与えられているとしていた。さらに、オハイオ大学、ニューヨーク州のコーネル大学についても、それぞれの詳細な相違にまで目配りをしながらレポートを続けている。

これらのことから、佐藤の意図はモリル法制定以降のアメリカの農学校（農科大学）の実情を徹底的に調査をして、その実情を踏まえることで、札幌農学校のあり方を再検討することにあったことはいうまでもない。

その際、注目すべきはマサチューセッツ州農学校（農科大学）に対する扱いである。同校はいうまでもなく札幌農学校のモデル校となったところであるが、ここでは数ある農学校（農科大学）の一つとして扱われ、特に強い思い入れもなく淡々と概略が述べられているに過ぎない。また、メーンほか各州の農学校の場合、農学校の看板を掲げていたが、いずれも一校の中に農工両科を併存していたのに対して、ＭＡＣの場合既述したようにＭＩＴとの補完関係で成り立っていることから、モリル法の適用からすれば変則的でもあったといえよう。したがって、札幌農学校の創立にあたってモデルとしたこの学校は、アメリカではむしろ「特異な位置を占めて」いたことになる*46。そのことからすれば、札幌農学校のモデルがＭＡＣではなく仮にペンシルバニア州農学校（農科大学）であったとすれば、「農学」の看板は変えられないとしても農工両科が併存する学校のイメージを、もっと強くアピールすることが出来たのではなかろうかと考えられる。

また、それとは若干異なるニュアンスも含まれているが、佐藤はＭＡＣの学生は自国語で修学するため、卒業までに十分な学力や経験を身に付けることが出来るのに対して、札幌農学校の生徒は十分な英語力がなければ学業に対応することが出来ないため、両者を同じレベルで論じることは「難易同日ノ論ニ非ズ」としていた。そのニュアンスからすると、佐藤はＭＡＣをそのまま札幌農学校のモデル校とすることに対して、違和感を感じていたのではないかとすら思われるのである。

報告書ではその他に、アメリカの農学校生が卒業後にどのような職種に就いたのか。あるいは農学校の経費や維持費について。さらには「農学校ト密接ノ関係ヲ有スル」諸州の農事試験場について論じられている。そして、それらの事例を踏まえ、佐藤自身の「米国農学校ニ就テノ評論」がコメントされている。

その上で本題ともいうべき札幌農学校の「組織改正」に対する見解が表明されることになる。そこで最初に検討しておくことは、佐藤の意見書が書かれた時期の特定である。先に調査は一八八五年に実施されたことを指摘したが、意見書ではある論者が「開拓使ノ事業中札幌農学校ノ設立ヲ以テ其最モ不適当ノ事業ナリ」と述べ、その根拠として「英米ノ殖民地農学校ノ設ケナキモ開拓盛ンニ行ハレ」ており、荒野を「開拓スルノ人ハ農学校出身ノモノニ非ズトナシ」との見解を表明しているとの指摘をしている。ある論者が金子であることはいうまでもないが、金子の復命書が提出されたのは同年の一〇月である。ということは、佐藤の意見書の執筆はこの年の一〇月以降ということになるが、当時の通信網では金子の復命書がリアルタイムで在米中の佐藤に届くとは考えられない。そのため調査の実施時期は一八八五年中であっても（さらには翌年にまで跨いでも）、意見書の作成は帰国後に行われたとも考えられる。佐藤は金子の復命書に対しては、いうまでもなく「札幌農学校ヲ無用視セシモノハ実ニ彼我ノ情勢ヲ審カニセザル浅見ノ評論ト云ハザルナリ」と切り返していた。

とはいえ、札幌農学校に対する批判が提起されている以上、札幌農学校をどのように運営していくのかの回答が求められていた。そこで、佐藤は札幌農学校で育てた人材を、その年に設置された北海道庁で採用して貰うこと。学理の講究を以て北海道の農業の改良を図ること。札幌農学校の教官や学生を活用して実業家の利益を進捗すること。土木建築等の改良を図ること、等々の試案を示すことにより、札幌農学校を「拓土殖民ノ機関」とすることを提案した。

その際、佐藤は北海道の開拓事業に「農学ヲ以テ主トナシ他ノ学科ヲ以テ客トナスハ当然」としても、「現今ノ事業」に「緊要ナルモノ」としては、「工芸ノ学科ニシテ殊更ニ士木工学器械工学ノ如キモノヲ然リトナス」とするのである。というのは、北海道は「新開ノ国土」であるため、道路の整備、橋梁の架設、排水の通路、河港水利の土工、鉄路の築造、家屋の構造、原野の測量等々「殖民ノ事業進ムニ随ツテ益其業務ノ多端ヲ告クルニ至ル」ため、工学の一課程を置き、それによって「農学ノ課程ト相併行セシムルヲ要ス」というものであった。すなわち「反言スレバ」札幌農学校に農工の両科を置いて「北地ニ必要ナル人材ヲ養成スル」というものである。

そこで、具体的なカリキュラムを提起していた。それは大きく農学科、工学科から成り、それぞれ四カ年の修学期間とする。そのうち農学科では普通農学と特別農学に分け、後者には牧畜、園芸、育樹、農産製造法、農場管理及び日本農学等が含まれている。さらに、個別の科目として農芸化学、植物学、獣医学、森林学等農学系科目のほか、幾何学、測量学、物理学等もあり、新たに農業経済学、殖民策、歴史学、地方制度等拓殖に必要な科目が取り入れられていた。カリキュラムは専門の農学に特化されつつも、それに関連した領域にまで及んでいる。

一方、工学科では土木工学、水利工学、建築学、鉄路測量術、器械企図、器械工場実地伝習、地誌測量、諸種の製図等工学系科目のほか、幾何学、地質学、無機化学、物理学、微分積分等工学を支える基礎的な領域も見られる。それらは工学科の科目配当としては当

表2　札幌農学校本科課程表(1887年8月制定)

		農学科	工学科
一年	前期	農学(4),無機化学(5)生理学及健全学(4),英語(3),幾何三角術(3),農業実習(4), 練兵(2)	幾何学及三角術(3),無機化学(5),英語(4),生理学及健全学(3),幾何画法(3),製図(無定限),練兵(2)
	後期	農学(4),分析化学(8),英語(3),三角術及測量術(5),画法及製図(3),農業実習(6),練兵(3)	三角術及測量術(5),分析化学(8),英語(3),実地測量及製図(無定限),練兵(2)
二年	前期	農学(4),日本農学(2),有機化学及動物化学(5),星学(3),重学(3),地誌学及高低測量術(5),記簿法(2),農業実習(6),練兵(2)	代数幾何学(5),重学(3),地誌学及高低測量術(5),星学(3),記簿法(2),実地測量及製図(無定限),練兵(2)
	後期	農学(3),農用化学(4),植物学(5),物理学(5),歴史(3),農業実験(無定限,練兵(2)	微分(5),物理学(5),重学(3),植物学(5),歴史(3),測地学(5),実地測量及製図(無定限),練兵(2)
三年	前期	農学(3),植物学(5),動物学(3),応用化学(3),経済学(4),物理学(5),気象学(2),植物学用顕微鏡用法(2),農業実験(無定限),練兵(2)	積分(5),土木工学(5),経済学(4),物理学(5),実地測量及製図(無定限),練兵(2)
	後期	農学(5),動物学及水産養成法(5),地質学(5),農業経済(3),山林学(3),農業実験(無定限),練兵(2)	水利工学(3),山林学(3),地質学及金石学(5),土木工学(5),工業経済(3),実地測量及製図(無定限),練兵(2)
四年	前期	農学(3),獣医学(6),昆虫学(3),農政(3),地方制度(3),学術講談(2),農業実験(無定限),練兵(2)	衛生工学(3),造家工学(3),土木工学(3),学術講談(2),実地測量及製図(無定限),練兵(2)
	後期	農学(4),獣医学(6),殖民策(4),卒業論文,学術講談(2),練兵(2)	土木工学,卒業論文,学術講談(2),実地測量及製図(無定限),練兵(2)

(『北大百年史』「通説」83頁より引用)

然ともいえるが、そこにはさらに経済学、工業経済等も含まれており、専門科目が工学の周辺領域にも及んでいたことになる（表２）。

なお、両学科には共通の予備科が置かれており、そこでは読法と訳読、地理学、歴史学、和漢学、英会話、英作文等の教養科目が置かれていた。それらは専門教育を受ける前提としての教養教育に対して配慮したものであるが、それは創立以来の伝統を受け継いでいたことになる。そこには金子の主張に対する反論の意図が込められていたと思われるが、それでも相対的に教養教育の減少は明白であったといえよう＊47。

佐藤によれば、以上のように札幌農学校は創立時にＭＡＣのカリキュラムをモデルにしたが、ＭＩＴのような補完関係にある学校が存在しないため、カリキュラムとしては組まれていたものの、十分に配当されなかった工学の領域に手を加えることにより、札幌農学校を北海道開拓により密接に機能し得る教育機関へと改革していったのであった。それは黒田が札幌農学校に対して当初から目指してきた「農業工業諸課学校」に、結果的に落ち着くことを意味しているとともに、実態としてモリル法による組織形態の農学校に近づけようとしたともいえよう。

明治一九（一八八六）年一二月札幌農学校官制が公布された。その第一条に「札幌農学校ハ北海道長官ノ管理ニ属シ農工ニ関スル学術技芸ヲ教授スル所トス」と明記されることになったが、農学科、工学科を併置するとはいえ、相変わらず名称は札幌農学校のままであった。そのため、モリル法により農学校が「農工学校」と認識されているアメリカと異なり、外部から工学系の専門が半分も含まれていることを窺うことは困難な状況にあった。

そこで校名変更の異議申し立てが工学系教員の広井勇、杉文三両教授から挙がることになったのである。明治二四（一八九二）年二月に提出された上申書によれば、工学科を設置して組織改正を行ったにもかかわらず、依然として校名を札幌農学校としていたのでは「外見上工学科ヲ含蓄セサルモノノ如ク」見られるし、学生も「自然農学科ハ正科ニシテ工学科ハ副科タリト云フガ如キ迷想ヲ抱キ勉学之気力ヲ挫折スルコト少ナカラズ小官等工学科教務ニ従事スルモノニ於テモ憂慮之至リニ存候」ため、札幌農工学校に改称するというものであった*48。

この提案は受け入れられることはなかった。そのため、これ以降実態として札幌農学校は「農業工業諸課学校」になったとはいえ、名称は札幌農学校のままであった。そこには実態が農工学校であるにもかかわらず、モリル法により名称が「農学校」とあったアメリカの実情に加えてケプロンの提唱による従来の経緯もあり、札幌農学校の看板を「農」から「農工」に架け替えさせるほどの力関係は及ばなかったのである。

なお、土木工学が専門の広井は既述したように札幌農学校の二期生であったが、広井についても改めて述べることにしたい（第三章一「広井勇と土木工学」を参照）。杉はアメリカのコーネル大学を卒業した土木工師で、広井の計らいにより前年の明治二三年一〇月から札幌農学校に勤務していた。同校には明治二六（一八九三）年七月まで在職し、その後は技師として奈良県に赴任することになる＊49。

註

1 秋月俊幸「校友会誌からみた札幌農学校の校風論」（『通説』所収）によれば、札幌農学校では本科生は学生、予科生は生徒と呼ばれていた（六〇四頁）。

2 『札幌農学校と英語教育』一二四頁～一二八頁。

3 『北海道開拓秘録』第二巻一七八頁～一七九頁。

4 『北海道開拓秘録』第二巻一七二頁。

5 『札幌農学校と英語教育』一一九頁～一二三頁。

6 出田新『北米見聞記』（一九三〇年）一五六頁。

7 中島九郎『佐藤昌介』（川崎書店新社　一九五六年）三〇四頁。

8 「通説」四七頁。

9 三年の二学期の成績をみると、一位の内村は二位の高木を平均点で七点以上も引き離し、英語でも新渡戸と二人だけ九〇点以上であるが、内村の方が新渡戸よりも上位に位置している。内村の学力は同期生の中でも抜群であったことになる（逢坂信忢『クラーク先生詳伝』〈丸善　一九五六年〉四二〇頁)。

10「札幌農学校史料」(一) 五五五頁~五五六頁「卒業生奉職の届」。
11 藤田に関しては『新渡戸稲造全集』第四巻(教文館　一九六九年)「故農学士藤田九三郎君小伝」に詳しい。藤田は安政五(一八五八)年鳥羽の城下に生まれた。なお、工学系の学生には、この他に佐藤勇(一期生)、調所恒徳(三期生)、千島十郎(四期生)、三輪一(七期生)、両角熊雄(七期生)等がいた。
12 奥武則『黒岩涙香』(ミネルヴァ書房　二〇一九年)二八七頁を参照。
13『内村鑑三著作集』第一八巻(岩波書店　一九五四年)一三頁。
14 佐藤全弘、藤井茂『新渡戸稲造事典』(教文館　二〇一三年)の各項目。
15「札幌農学校史料」(一) 三五六頁「大阪英語学校生徒譲受に付依頼」。

16「札幌農学校史料」(一) 二二五頁「開業式における黒田長官の式辞」。
17 宮部金吾博士記念出版刊行会編『宮部金吾』(大空社　一九九六年)四四頁。
18『増補版　日本農業教育成立史の研究』三五〇頁。

19『増補版　日本農業教育発達史の研究』二二三頁。なお、同文の出展は『太陽』一巻一号(一九〇七年)所収「余の札幌時代及当時の交友」とあるが、同誌に該当する論稿は見られない。

20『増補版　日本農業教育成立史の研究』三五二頁。

21「通説」五〇頁~五一頁。
22 この点に関して、外山敏雄は「マサチューセッツ州では教育が普及しマサチューセッツ農科大学入学以前に十分な教育を受け下地ができている。また農家の子弟も多く、彼等はすでに実地の経験を積んできている。このようにマサチューセッツ農科大学の場合は余裕をもって学習できる条件がととのっている。札幌の場合は、こうした条件に恵まれないばかりか、その上不十分な語学力で英語による授業を受けるのであるから、その困難は比較にならない。こうした事情の相違を無視して幅広く多くの学科を教えても、不消化になるのは当然のことである」、あるいは「リベラル・アーツの教育は、いわば、文化（科学や技術）の根底にあるものを教える教育であるが、日本は古来リベラル・アーツの伝統を欠き、明治期になるまでその土壌がほとんど出来ていなかったのである」（『札幌農学校と英語教育』二〇頁、一四一頁）との指摘を行っているが、的を得ているといえよう。ただし、「不消化になるのは当然のことである」との理解に対しては若干の疑問がある。

23　『増補版　日本農業教育成立史の研究』三五二頁。
24　『増補版　日本農業教育成立史の研究』三四七頁。
25　『佐藤昌介』四四頁。
26　『佐藤昌介』四九頁。
27　『佐藤昌介』五一頁。
28　佐伯有清「札幌農学校と英学」（『通説』所収）五〇八頁。
29　『宮部金吾』（大空社　一九九六年）九五頁。山本泰次郎『宮部博士あての書簡による内村鑑三』（東海大学出版会　一九五〇年）三〇頁。なお、森が校長となったのは明治一四年二月からで、明治一三年段階では調所であるから宮部の誤認かと思われる。
30　松沢弘陽「政教社と札幌農学校」（『日本近代史における札幌農学校の研究』所収）五四頁。
31　『クラーク先生詳伝』四二九頁～四三〇頁。
32　「札幌農学校史料」（一）五三九頁「尚友社設立ニ付復習講堂等拝借願」。

33 『志賀重昂全集』第七巻（日本図書センター　一九九五年）一六頁。
34 『内村鑑三全集』第一巻（岩波書店　一九八一年）三頁～一五頁。なお、『農業叢談』とは生徒たちの研究成果を発表する場として、明治一一年から発行された『札幌農学校報告書』を明治一三年から改題したものである。明治一三年二月の二号には内村のほか佐藤の「肥培の緊要なるを論す」も掲載されているが（「通説」六四頁）、それに関しては第三章三「新渡戸稲造と農政学、植民学」を参照のこと。
35 『クラーク先生詳伝』四三〇頁。
36 斎藤之男『日本農学史』第一巻一七八頁～一七九頁。
37 「通説」八四頁。
38 『新撰北海道史』第六巻（史料二）所収「解題」五九三頁。
39 『内村鑑三全集』第九巻「余の従事しつつある社会改良事業」（岩波書店　一九八一年）四七四頁、及び榎本守恵他『北海道の歴史』（山川出版社　一九六九年）一四一頁。
40 『北海道の歴史』一五二頁。
41 『新撰北海道史』第六巻所収「北海道三県巡視復命書」五九七頁～六〇〇頁。
42 『札幌農学校と英語教育』一四一頁。著者の外山敏雄氏はその後に続けて「しかし、もっと大きな、予期せぬ役割を果たすことになる。北のフロンティアに開かれたこの学校は、この国の近代化の推進力となるすぐれた人材を輩出して、精神文化の面においてこの国を「開拓」することに寄与するのである」（一四一頁）と述べている。つまり、速成に結果を求めるのではなく、長期的な視点で国造り、人造りに取り組む姿勢が不可欠であると述べているのである。この点については「あとがき」でもコメントをすることにしたい。

43『宮部金吾』（大空社　一九九六年）四一頁。

44「札幌農学校史料」（二）二五頁～四四頁「米国農学校の景況及び札幌農学校組織改正の意見」。なお、田中慎一「植民学の成立」（「通説」所収）によれば、それは復命書第一で、このほか復命書第二の「国領地ノ件」があるが（五八七頁）、ここではそれに関する検討は省略することにしたい。

45『増補版　日本農業教育成立史の研究』では「合衆国教育局の調査」によれば土地交付大学は四二校とある（三四一頁）。数値に相違があるが、そのことはひとまず置くとして、佐藤はこの調査結果を利用したことが考えられる。

46『増補版　日本農業教育成立史の研究』三四二頁。

47「通説」七八頁～八二頁を参照。

48「札幌農学校史料」（二）一二三二頁「校名改正之義ニ付上申」。

49「通説」一五八頁。

第三章　卒業生の多彩な研究領域

札幌農学校は「農学」の看板を掲げてはいたが、マサチューセッツ農科大学の農学、理学、工学、さらには教養主義的な分野にまで及ぶカリキュラムの影響を受けたことから、同校のカリキュラムもそれに倣ったものであった。このことが批判を招く要因の一つともなったが、反面農学以外の専門領域に通じた教員スタッフが集まっていたことから、学生たちが多彩な分野に進出することを可能にした。その多彩さは、新渡戸稲造をして「殆ど全然的に英文学を志す」と言わしめたほどであった（第二章二「札幌農学校の教育内容―マサチューセッツ農科大学との比較―」を参照）。

新渡戸は英文学者としても「右に出る者は蓋しあるまい」といわれるほどの力量があり、トーマス・カーライルの研究者としても知られている*1。語学、文学方面で活躍した卒

武信由太郎

頭本元貞

業生には、大島正健（一期生）や佐久間信恭（三期生）等のほか、早大教授で最古の英語総合雑誌『英語青年』を創刊した武信由太郎（四期生）、『Japan Times』を創刊して主筆を務めた頭本元貞（四期生）、英語教育者の細川文五郎（四期生）等がいる*2。三人はいずれも四期生であるが、細川は四期の卒業生一七名中、佐瀬辰三郎（五位）や渡瀬庄三郎（六位）、志賀重昂（九位）等を抑えて一位の成績であった。細川は東大法学部を中退した後で札幌農学校に入り直した。卒業後は鳥取県農学校や新潟県、福島県下の中学校の教員を勤めるなど、主に中等学校の英語教育に携わった。

そうした多方面の専門領域のうち、土木工学の分野に進んだ広井勇。植物学の分野に進んだ宮部金吾。そして、農政学や植民学（原文から引用する場合は殖民学とする）の分野に進んだ新渡戸稲造の三人の卒業生（いずれも二期生）と、一一期生（明治二六年卒）で宮部に師事し植物学研究のほか農業教育の実践や英語教育の研究にも携わった出田新の活動を通して、札幌農学校の多彩な研究領域の内実を明らかにしていく。その際、農政学、植民学に関しては、当該分野の先駆者でもあった一期生の佐藤昌介にも言及することになる。なお、行論の関係から既述の部分と若干重複が生じたことをお断りしておきたい。

一、広井勇と土木工学

広井勇の関係文献としては、故広井勇博士記念事業会編『工学博士広井勇伝』（工事画報社　一九三〇年）、松尾近二郎『大技術者広井勇』（土木雑誌社・建築科学社　一九四四年）、そして広井自身の著書『築港』前編、後編（丸善　一九〇七年、増補改訂版一九二四年）並びに『日本築港史』（丸善　一九二七年）等がある。また、研究文献や論文としては、原口征人他「札幌農学校における土木教育」（『高等教育ジャーナル』五号所収　一九九九年）、高崎哲郎『評伝山に向かいて目を挙ぐ　工学博士・広井勇の生涯』（鹿島出版会　二〇〇三年、以下『広井勇の生涯』とする）等がある。ここでもそれらの関係文献や先行研究に依拠するところが多い。

広井が南鷹次郎や町村金弥とともに工部大学校予科から二期生として札幌農学校へ進学したのは、明治一〇（一八七七）年であったことは述べた。通常、工部大学校予科から工部大学校（後に東京大学と合併して帝国大学工科大学となる）へと進学するのが通常のルートであるが札幌農学校へと進路を変更したのは、いうまでもなく授業料のみならず生活費まで支給される官費制度の恩恵があったからにほかならない。ということは、広井もそうした制度の恩恵を享受せざるを得ない境遇にあったことになる。そこで広井が札幌農学校に進学するまでの経緯を述べておくことにしたい。

広井 勇

広井は文久二（一八六二）年に現高知県で生まれた（～昭和三〈一九二八〉年、享年六六）。広井家は納戸役を務める藩士の家柄であったが、広井が八歳の時父親が死去したことから生活は困窮することになった。広井はその後叔父を頼って上京し、明治七（一九七四）年東京外国語学校の英語科に入学する。その上級生に佐藤昌介や内村鑑三がおり、同学年に宮部金吾がいた。ところが、広井は同校を中退して工部大学校予科に転じる。

転じたとしても、学費を叔父に頼らざるを得ない状況に変わりはないため、学費が全額官費の学校を探すことになった。そうした時期に札幌農学校からの勧誘があったため、応募することとなった。広井が一五歳の時で、同期生では最年少であったことから「ヤンゲスト・ボーイ」というあだ名であった。

東京英語学校（東京外国語学校から独立）から工部大学校予科に転じたのは、広井の関心がその頃から既に工学系統の分野にあったと考えられる。とすれば、広井はいつごろから工学系統の分野に関心を抱いたのであろうか。広井の回顧録的な意味合いを持っている『築港』によれば、広井は古老の話として土佐の種崎村では、波止（防波堤）が堆砂に埋没したまま長い年月が過ぎていた。そこに安政元（一八五四）年の激震が起こり、種崎村が「狂瀾ニ捲キ去ラントスル一刹那」に、波止が露出して「一村ヲ全フスルコトヲ得」た。その波止こそ野中兼山（一六一五年～一六六三年）が設置したものであったが、この逸話に対して広井は「実ニ技術者千歳ノ栄辱ハ懸テ設計ノ上ニ在リ之カ用意ノ慎密遠円ヲ要スル」（前編三頁）としていた。

この逸話は『工学博士広井勇伝』及び『大技術者広井勇』等にも引用されている。前者ではその逸話を広井が「祖母に依って語られた」（一七頁）とある。そのことは郷土の偉人伝が先祖代々語り継がれてきたことを意味するものでもあったが、両書ではいずれも野中を「大政治家」、「大土木技術家」と見なしていた。そうした人脈の延長線上に明治以降、高知県出身者で鉄道界を代表する白石直治（一八五七年～一九一九年）や仙石貢（一八五七年～一九三一年）、さらには後年「大技術者」となる広井の如き「逸材」が生まれたとされている。白石と仙石そして広井は、いずれも土木学会の五代目（白石）、六代目（広井）、七代目（仙石）の会長職を歴任することになる。

広井が入学した札幌農学校には工学関係の科目は設置されていた。ただし、広井が札幌農学校への進学を考えた際、官費制度という利点のほかに、そうした科目の設置まで見越して同校への進学を考えたのであろうか。入学前に札幌農学校の校名から工学系統の科目の設置を連想することは困難である。広井は工部大学校予科から札幌農学校への進学をするにあたり、学費や生活費の免除以外に札幌農学校への進学を思い立った経緯について、先に示したいずれの文献にも語られてはいない。そうした余裕もなく進学を選択せざるを得ない状況にあった、と考える方が自然であろう。

とはいえ、結果的ではあっても、広井が進学した札幌農学校には工学系統の科目が設置されており、その担当はクラークとともに来日したウィリアム・ホイラーであった。ホイラーの経歴については既に述べたが、同校で数学、土木工学、図学、測量等を担当した。ホイラーは同校では唯一の土木工学の専門家であったが、専門の研究や教育の外に、クラークの帰国後は教頭として学校経営にも労力を割かねばならなかった。それでも北海道の開拓事業に関与し、石狩川の水路拡張事業や手宮（小樽）・札幌間の鉄道敷設のための実地調査を行っていた。ホイラーは明治一二（一八七九）年一二月に帰国する。

在学中の広井がホイラーから多大な影響を受けたことは疑う余地はない。『工学博士広井勇伝』には「土木工学を学ぶ博士にとつて最も好都合であつた事は、教師の中に米国土木工師ウイリアムホイラー氏のあつた事である」(一三頁)と述べられ、『大技術者広井勇』でも「当時教頭をしていた米国土木工師ウイリアム・ホイラーが居た事は、博士の為めには幸であつた」(三一頁)とされている。さらに、札幌農学校で同期生にあたる宮部金吾の評伝にも「教師の内には」ホイラーが数学や工学を教えており、その後任には「機械工学を専修したピーボディー」がいたので、「充分君(広井のこと―引用者注)の志望を満足せしむることが出来た」(『宮部金吾』八六頁)としている。

ところが、広井がホイラーから具体的にどのような知識や技術を学んだのかとなると、そのあたりは必ずしも明白ではない。高崎の『広井勇の生涯』は先行の諸文献等を土台として書かれた評伝であるが、同書ではホイラーの「影響を受けた代表格が広井勇である」(七〇頁)と記されているだけで、具体的な影響については何も書かれていない。

代わりに『広井勇の生涯』では、広井が札幌農学校時代に影響を受けた文献として、ランキンの土木工学関連の著書とJ・B・ホイラーの『初級コースの土木工学』を紹介している。J・B・ホイラーはアメリカの陸軍士官学校の土木工学の教授で、同書が「この北の地にある官立学校の土木教育に大きな影響を与えた」(『広井勇の生涯』六二頁)としている。さらに、同書を用いて広井等二期生に対して講義を行ったのはセシル・ホバート・ピーボディで、広井がその講義内容を書き留めたノートが確認できるとのことである。ちなみに、ピーボディはマサチューセッツ工科大学の出身で札幌農学校には明治一一（一八七八）年から三年弱勤めた。

とはいえ、この記述から広井がウィリアム・ホイラーから薫陶を受けたとする事実関係は浮かび上がってはこない。J・B・ホイラーとウィリアム・ホイラーはどのような関係か。J・B・ホイラーと札幌農学校との関連

ブルックス

の有無等について、同書の出版元の鹿島出版会を通して高崎氏に問い合わせたが回答は得られなかった。したがって、広井が在学中ウィリアム・ホイラーに学んだことは確かとは思われるが、具体的にどのような影響を受けたかとなると、殆ど明らかにされていない。

上述の広井の関係文献を検討していくと、広井の土木工学の理論と技術はむしろ卒業後の研鑽により、発揮されていったのではなかろうかと思われる。

既述したように、卒業後は規則から開拓使に勤務することになっていたので、広井は民事局勧業課に配属されたが、同期生で同室だった藤田九三郎は卒業と同時に工業局土木課に配属されている。そのような配属となったのは、卒業にあたって教頭のウィリアム・ペン・ブルックスから開拓使に勤務する際、どのような職務に従事したいのか、希望を書いて提出するようにとの申出があった。ちなみに、ブルックスは明治一〇（一九七七）年から

明治二〇年までの間、札幌農学校に滞在していた。札幌農学校に勤務したアメリカ人の中では最も長い滞在であった。ホイラーと同じ一八五一年の生まれで、MACを首席で卒業した。札幌農学校では教頭職のほか農場長も兼務していた*3。

ブルックスの問い掛けに対して、藤田は第一希望を土木工学、第二希望を農用土木とした。一方、広井は第一希望を農用工学、第二希望を土木工学とした。その希望に即して藤田が工業局土木課に配属され、広井が民事局勧業課となったのである*4。ともに土木工学を専攻した二人のうち、広井が藤田に比べ不本意な部署に回されたというわけではない。

その広井も直後には煤田開採事務係（鉄路科）に配属されることになる。その移動は広井が希望したものかどうかは明らかではないが、そこでは鉄道の敷設担当となり、土木工学の知識と技術をより必要とする職場に移ったことになる。実際、広井が最初に手掛けた仕事は、明治一三年一一月に開通した手宮・札幌間に続く札幌・江別間、さらには江別・幌内間の鉄道敷設にともなう橋梁の設計施行であった。手宮・札幌間の鉄道敷設のための実地調査を行ったのがホイラーであったことは先に述べたが、敷設にあたっての技術指導を担当したのがジョゼフ・U・クロフォードであり、日本人技術者の松本壮一郎、平井晴二郎であったことも既に述べた。

松本は兵庫県の出身でこの時三二歳、既に明治期の鉄道界の重鎮の一人であった。アメリカに留学の後開拓使御用係となり、広井が配属された煤田開採の副事務長となった。後に逓信省鉄道局長を務めることになる。平井は石川県の出身でアメリカに留学し、イギリスやフランスへの視察も行った。帰国後開拓使御用係となり、北海道の鉄道敷設事業に取り組むことになる。この平井が広井の直属の上司となるのであるが、二人とも旧士族の出身であった。広井は彼らから「鉄道技術者は技術論だけを理解したのでは不十分で、交通体系のもたらす政治的・経済的効果はもとより場合によっては文化的影響も考える必要がある」との助言を受けた（『広井勇の生涯』七九頁）。

この後明治一六（一八八三）年一二月、広井はさらなる飛躍を求めて渡米することになる。当初西海岸に留まっていた広井は、ウィリアム・ホイラーの所在を突き止めると手紙を出した。するとホイラーから「懇切丁寧で具体的な助言に満ちた」返信を受け取った。その頃ホイラーは東海岸のボストンに居住していたこともあり、広井がホイラーから受けた援助はその範囲とも考えられる。したがって、札幌農学校時代と同様、渡米後もホイラーから多大な助力を得たとは言い難い。それでも広井はホイラーに対して「先生の忠実な教え子」との敬意を表することは忘れなかった（『広井勇の生涯』一〇八頁）。

在米中にミシシッピー川の河川改修事業に携わったことから、広井は土木技術の修得に一層の磨きを掛けることになる。そして、明治二一（一八八八）年、二六歳の時、処女作となる『プレート・ガーダー・コンストラクション』を出版する。同書は「比べるものが無いほどの良書である」との批評を得た書物であったが（『広井勇の生涯』一二五頁）、そこでの広井の肩書は Asst. Professor of Civil Engineering in Sapporo Polytechnic Institute となっている。和訳すると身分は土木工学の助教授（もしく准教授）であり、所属は札幌農学校（農科大学）ではなく札幌諸工芸大学である。

札幌農学校はモリル法によって設置されたＭＡＣの影響でそのような名称となったのであるが、アメリカで紹介されるにあたり、農科ではなく諸工芸となっている。それは札幌農学校の英語表記なのであろうか。あるいは広井の専門が土木工学であることから、農科の名称を使用することは誤解を招くことになるからであろうか。それは無いと思われる。というのは、モリル法が制定された一八六二年から四半世紀が経過しているのであれば、アメリカにあっては農科大学の名称であっても、そこに工学の領域が併設されているとの認識は周知の事実となっていたと考えられるからである*5。

広井は明治二二（一八八九）年七月アメリカ留学に続くドイツへの留学から帰国すると、直後の九月に札幌農学校の教授に就任することになる。その少し前の明治二〇年、佐藤昌介の采配で札幌農学校に工学科が設置された。それは金子堅太郎による『北海道三県巡視復命書』の提出に対応した施策であることは述べた。そのため広井は留学期間を切り上げて帰国したのであった。平たく言えば「工学科の教師が足りない、というなさけない事情からである」が*6、帰国後は広井がその中心的な役割を担うことになったのはいうまでもない。広井は杉文三と明治二四（一八九一）年同校を札幌農工学校と改称すべきとの提案を行ったことも既に述べた。

ところで、広井は土木技術に優れた才能を発揮したことは確かであるが、それを支える基礎学力にも着目すべきである。途中から進路を変更したとはいえ東京英語学校に学び、さらに札幌農学校ではアメリカ人教師により四年間も英語の講義を受けたことから、その語学力は渡米後にあって不自由を感じさせないほどであった。アメリカの人々も留学中の広井が品位のある知識人階級が使う英会話力を持っていることが分かると、丁寧な応対をするようになった（『広井勇の生涯』一〇二頁、一二二頁）。当然そのようなレベルの階層の人々との交流も深まり、様々な情報や知識を収集する上で役立つことになる。

さらに、英会話力を支える、多方面にわたる知識と教養の深さにも着目しておく必要があるといえよう。『広井勇の生涯』でも指摘されているように、それは札幌農学校での学習にあったといえよう。卒業生たちは農学を基本に据えて理工科系の学問を学んだが、学習の範囲はそこに留まらず、哲学書や文学書を原書で読破したことによって得られた範囲にも及んでいたのである（同前六六頁）。広井は韻律の正しい独創的な英詩を書いたが、そうした幅広い知識や教養は札幌農学校の多方面にわたる教養教育の賜物でもある。さらに言えば、札幌農学校にはそうした幅広い知識や教養を消化・吸収出来るだけの能力ある人材が集まっていた、ということにもなる。

この後、広井は三七歳となった明治三二（一八九九）年、東京帝国大学工科大学の土木工学科の教授に就任する。担当は橋梁、鉄筋コンクリートである。その土木工学科の教授の一人に電気を専門とする山川健次郎がいた。山川はいうまでもなく、若き日に黒田清隆に連れられてアメリカに留学したメンバーの一人であり、日本における理学博士の第一号の一人でもあった。この時四五歳である。

広井は東大在職中に多くの優秀な弟子たちを育てた。その一人に八田与一がいた。八田は大学を卒業後台湾総督府の技師となり、それまでオランダ人技師等によって何度も試みられたが成功しなかった台湾南部最大の平原地帯の開墾事業に着手した。そして、現地調査の結果に基づいてそこに烏山頭ダムの建設を試みた。そのため、雨季の洪水と乾季の旱魃を克服することに成功し、豊富な農作物の収穫を可能とした。そのダムは後に「八田ダム」と呼ばれるようになる（『広井勇の生涯』二〇七頁〜二〇九頁）。

二、宮部金吾と植物学

広井が土木工学の方面でその才能を遺憾なく発揮していったとすれば、植物学の方面でその才能を発揮したのは、広井の同期生の宮部金吾であった。宮部に関する文献としては、宮部金吾博士記念出版刊行会編『宮部金吾』（大空社　一九九六年復刻版）、秋月俊幸編『書簡集からみた宮部金吾　ある植物学者の生涯』（北海道大学出版会　二〇一〇年、以下『植物学者の生涯』と略す）、青年寄宿舎舎友会編『宮部金吾と舎生たち』（北海道大学出版会　二〇一三年）等がある。これらの諸文献に依拠しながら、宮部の研究生活に触れることにしたい。

宮部は万延元（一八六〇）年に江戸の下谷に、身分の低い幕臣の宮部家に五男として生まれた（〜昭和二六〈一九五一〉年、享年九〇）。命名は五男に由来する。明治七年に入学した東京外国語学校の英語科下等第六級で二歳年下の広井と同期生であったが、明治一〇年七月に開拓使の募集に応じて札幌農学校に進んだ。工部大学校予科に移っていた広井も開拓使の募集に応じたので、札幌農学校で再び同期生となる。札幌農学校への進学は主に貧乏士族の子弟たちが、授業料その他無料の特典に引かれたものであったが、宮部の場合には生家が蝦夷地の探検家松浦武四郎の住居に近く、宮部が松浦家の養子に望まれるほどの関係にあった。さらに、常日頃より松浦から蝦夷地のことを聞かされていたことも、北海道へ向かう動機になったといわれている（『植物学者の生涯』まえがき）。

札幌農学校の掲げる看板は「農学」であったが、理学系の講義も全体の三五％もあり、既述したように「理学校といった方が適当である」との評価もあるほどであった。とりわけ化学と生物の比重が大きかったが、それはクラークが得意とする専門でもあった。そのことから宮部は札幌農学校に進学後も、植物学の勉学には支障が少なかったことになる。

さらに、札幌農学校の教員スタッフにデイビッド・パース・ペンハーローという当該分野の専門家がいた。設立直後の札幌農学校での役割を再確認しておくと、事実上の校長が農場長兼務のクラークで、以下ウィリアム・ホイラーが数学兼土木工学、ペンハーローが植物学兼化学、堀誠太郎が書記官兼通訳、吉田清憲が農場監督で、明治一〇年一月に到着したブルックスが農学及びクラークの後任の農場長という布陣であった。

宮部金吾

ペンハーローの札幌在住時の動向については既に触れたが、ホイラーより三歳年下でＭＡＣを卒業した後、クラークに誘われて来日した。そのペンハーローから宮部は感化を受けるのであるが、『宮部金吾』に記載されているペンハーローの対応としては、「化学と植物学と英語」を担当したことが確認出来るものの（五九頁）、それ以外にペンハーローに関する記載はみられない。この点は広井がウィリアム・ホイラーからの感化を受けたとはいえ、具体的にどのような感化であったのかが判然としないことにも共通する。

それに対して『宮部金吾』にはクラークに関する記述が随所に見られる。それによると、クラークは当初化学の研究に打ち込んでいたが、途中から植物学にも興味を抱き植物学と化学が融合する植物生理学の分野に関心が移った。このことは既述したが、クラークはさらに一八五〇年にドイツに留学する途次ロンドンに滞在した際、キュー王立植物園の温室に南米産の大睡蓮が見学出来るとの記事を確認すると、すぐに同植物園に観察のため出向いた。すると「植物界に於ける驚くべき生活（生命ヵ―引用者注）現象に直面し」て「感動と畏敬の念に充たされ」てしまい、「いつか植物園を造り、雄大なかの睡蓮も植え、植物界の神秘を人々に知らしめたい」との希望を持つようになる。後に一八七二年に至り、「植物学と農学との関係」と題する演説を試みた際に、キュー王立植物園で抱いた希望をアーマストのＭＡＣの温室栽培で実現したことを報告していたことから、それまでにその希望は達成していたことになる（『宮部金吾』四〇頁〜四六頁）。

ＭＡＣでクラークは校長職を務めるとともに、植物学及び園芸学を担当し植物園長も兼務していた。そして、「時勢に先んじて」植物生理学の実験を企て、「今日独逸の生理学者をしてその結果を引用させるような有益な発見をして」いたが、その実験の手伝いをしたのがペンハーローやブルックス等であった（『宮部金吾』四四頁〜四五頁）。さらに、クラークは農学にとって各種の科学はみな密接な関係をもっているが、とりわけ植物学が科学的農学の基礎をなしていると考えていた。それほど植物学に造詣の深いクラークを偲んで、MACではクラーク・ホールを植物学講堂として用いた（『宮部金吾』四六頁）。

以上のことから、クラークは化学の分野で博士号を取得したものの、主たる関心は化学から生物学、とりわけ植物学に移っていたようである。宮部はこのようなクラークの植物学に寄せる関心の大きさに感嘆していたが、二期生の宮部が入学したのは明治一〇年であるから、その時既にクラークは札幌を去っていた。そのため校内にクラークの残像を感じることが出来たとはいえ、宮部は直接クラークの指導を受ける機会に接していないことになる。そのことに関して宮部が直接語った言葉は見られないが、宮部には一期生であったならばとの思いがあったのかもしれない。

土木工学専攻の広井勇が藤田九三郎と寮生活で同室であったことは述べたが、宮部金吾が同室だったのは内村鑑三（一八六一年〜一九三〇年）であった。二人の関係は山本泰次郎『宮部博士あての書簡による内村鑑三』（東海大学出版会　一九五〇年、以下『博士あての書簡』とする）に詳しい。それによれば、宮部は「内村君から受けた封書は勿論、はがき電報に至るまで、大切に保存して置いた」（『博士あての書簡』序文）とあるように、二人の間柄は「無二の親友であ」った。さらに「はげしい性質の人で、誰とでもすぐにケンカをする内村に対して、「一度もケンカをしないですんだのは」宮部の性格が内村とは「対蹠的にちがっていたから」であった、とある（『博士あての書簡』一六頁）。

宮部が封書や葉書を大切に保管していたことに関して言えば、『ある植物学者の生涯』でも博士が「全国からの照会に対しては素人・専門家などの区別なく親切に回答や調査に応じておられたことが書簡集からも察せられる」（同書「まえがき」）とある。このことからみても、宮部は内村に対してだけでなく誰に対しても別け隔て無く接した、几帳面で温厚な人柄であったことが窺われる。内村も宮部の性格について、「誰に対しても悪意を抱かず、すべての人に愛情を寄せ」た「生まれながらの善人」と語っていた*7。そうした宮部の性格が内村との摩擦を避けた要因でもあろう。

明治七年に宮部が横浜の高島英学校から東京外国語学校に入学をした時、有馬英学塾から入学していた内村は二学年上級であったが、内村が病気をしたため宮部と同級生になった（『博士あての書簡』一一二頁）。その中には新渡戸稲造や岩崎行親等も含まれていたが*8、その頃彼らの「間には特別に親しい交わりはなかった」とのことである（『博士あての書簡』一一二頁）。

彼らは後にいずれも札幌農学校へと進学することになるが、宮部が同校に進学した経緯については官費制度のためであるとして、それ以上のことは先述した松浦に関係する事情の外には何も語られていない。それに対し内村は父親が法律家になることを望んだのに対して、法律家は「自分の性格にあわない事を知り、地理学者になろうとして応募した」ためである。四期生の志賀重昂も後に地理学者となったが、札幌農学校にはそうした分野の専門まで引き付けるイメージがあったのであろうか。とはいえ、進学に至る「動機はまちまちであった」ようである（『博士あての書簡』一五頁）。

卒業時の話になるが、卒業の順位は内村が首席で宮部は二位であったことは述べた。さらに、内村が抜群の成績であったことも述べたが、宮部は内村に対して「札幌農学校創立以来今日に至る迄、約八〇年に垂んとする長年月を通じ、未だに彼以上の俊英が現れないと云われる程」であったと評価する。そのため、宮部は「自分は将来植物を専攻する考えだったから、せめて植物だけは、内村より能い点を取ろうと思うて内心競争した。で、成績発表の時先ず自分の点を見て、そして急いで隣の内村のを見ると……。どうも植物だけでも、アレには勝てなかった」と述懐している*9。

その宮部であるが、在学中から将来母校に残ることを約束され、そのための研鑽を積むことを求められていたことも述べた。そこで、かねての指示通り卒業と同時に東京大学に

谷田部良吉

留学をすることとなった。東京大学から辞令が降りたのは明治一四年一一月であったことも述べたが、宮部は七月に卒業するやいなや上京した。宮部にとって東京は故郷であるから、曾て知ったる土地であったことになる。

明治一〇年創立の東京大学は法理文医の四学部から成り、理学部の一学科として生物学科が置かれていた。ちなみに工学科も当初は理学部に置かれていた。そのうち植物学の主任教授が谷田部良吉であり、動物学の主任教授がエドワード・モースであった。モースは大森貝塚の発掘で有名であるが、東京大学には明治一一年から一二年までしか在職していない。したがって、宮部が通学した頃には既に退職していたことになる。クラークといいモースといい、宮部には来日した著名な外国人教師に縁遠いところがあるようだ。

宮部は谷田部教授に師事を仰ぐことになるが、谷田部は嘉永四（一八五一）年に伊豆の韮山に生まれた（～明治三二年、享年四九）。外務省に勤務していた頃、森有礼に従って渡米することになる。アメリカではニューヨーク州にある一八〇〇年創立の名門コーネル大学に学び、明治九（一八七六）年に卒業した。コーネル大学では羊歯科植物を専門とするダニエル・C・イートン教授の薫陶を受けた。イートンは安政年間に日本で採取された羊歯類植物の鑑定をしていたことがある（『宮部金吾』九七頁、一〇〇頁）。
ところで、宮部が留学をした東大とて、明治一〇年に開校してからいくばくも経ていない時期であった。そのため、谷田部でさえ学名が不明な植物に関しては、標本を外国に送って学名を付けて貰らっていた状態でもあった。谷田部が日本の植物の学名は日本人自身で命名すると「一種の独立宣言をしたのは、ようやく明治二三年のことであった」といわれている（『植物学者の生涯』まえがき）。宮部は明治一四年の八月から一一月にかけて、東京近郊の道灌山を中心に植物の採取を試みていたが、その頃はまだ辞令の降りる前であった。その行動から察するところ、七月に上京した宮部は、すぐさま実行に移さざるを得ないほど植物の研究に熱中していた様子が窺われる。

一一月になると辞令が降りることになり、植物学教室で谷田部と初めて面会することになった。宮部は谷田部から生物学科の学生と一緒に研究して貰うが、資格は学生ではなくあくまで「開拓使御用係トシテ待遇サレル」との指示を受けた。このような身分となった宮部の月俸は半分となり、自宅からの通学であったため、どうにか生活が成り立っていた（『宮部金吾』九五頁）。また、谷田部もアメリカでの留学経験があったため、英語には堪能であった。そのため講義はすべて英語で行われたが、宮部も十分な英語力を持ち合わせていたため、「別段にノートをと」ることもなく「講義をお聴きしただけであつた」とのことである（『宮部金吾』九八頁～九九頁）。東大在職中の宮部の研究成果については『宮部金吾』に余すところなく記されている。その間、植物の採集旅行にも何度か出掛けている。植物学会の創立にも立ち会ったが、宮部の旺盛な研究活動が窺える。

東大への留学を終えた宮部は明治一六（一八八三）年、札幌農学校に助教（助教授に相当）として赴任することになる。その三年後の明治一九年、宮部はさらにハーバード大学の大学院に留学をする。その経緯について補足しておくと、札幌農学校では外国人教員に代って日本人の研究者を養成すべく、まず二名を選抜して三年間海外に留学させたい旨を、岩村通俊北海道庁長官を通して伊藤博文首相（第一次伊藤内閣）宛に申請をした（『宮部金吾』一五九頁）。その選考の結果、宮部と四期生の渡瀬庄三郎が選ばれることになったのである。渡瀬も東大に留学した後の海外留学であった。宮部の専門が植物学であったのに対して、渡瀬のそれは動物学（昆虫）で、留学先はボルチモア市にあるジョンズ・ホプキンス大学であったことは述べた。同校はその三年前に佐藤昌介が留学をして学位を取得した大学でもある。

留学を促す背景に二期生たちはいずれも「鬱勃たる覇気と旺盛な研究意欲」があり、開拓使への勤務では「これに満足すべくもなく」、在学中から「燃ゆるような洋行熱を持っていた」ため、「寄ると触るとその頃から誰が先に行くか」が「興味ある一つの問題であった」ことが挙げられる（『宮部金吾』一六二頁）。その競争に一歩抜き出たのが広井で「同級生一同の羨望の的となった」といわれている（『宮部金吾』一六二頁）。

次に内村と新渡戸が明治一七年に渡米をするが、広井を含めた三人の洋行はいずれも私費であった。広井は留学先で多少とも生活にゆとりがあったようであるが、新渡戸と内村は「実に甚しい苦学を」強いられた。そのため、内村の場合には明治二〇（一八八七）年一月の夜、聖書注釈学のトーマス・P・フィルド教授を尋ねて、「金銭上の援助を乞」うことになった。それは内村にとって「実に火の試みであった」と述懐している*10。したがって、官費による渡航は宮部と渡瀬が最初ということになる。この後、明治二〇年四月に広井が、六月に新渡戸がドイツに留学することになるが、その際はいずれも札幌農学校助教の身分による官費の留学であった。アメリカに留学した宮部は、水を得た魚のように研究活動に没頭した。その動向についてもまた『宮部金吾』に余すところなく語られている。ハーバード大学では「十九世紀末植物界の最高峰を占むるといわれた」エーサ・グレー教授の指導を受けられる機会に恵まれた（『宮部金吾』一六三頁）。

また、宮部は札幌農学校在職中に採取した千島の植物を研究して在米中「千島植物誌」と題する論文に纏めた。それは日本人が外国で最初に執筆した植物地誌学の論文で、それにて博士号を取得した。作成にあたりロシア人の植物学者マクシモービッチの指導を受けていた（『植物学者の生涯』まえがき）。マクシモービッツチには帰国の際、ヨーロッパを経由してロシアに赴き対面をする。先に谷田部が植物の学術名の命名を外国人に依頼していたことを述べたが、依頼した相手はそのマクシモービッチであった。宮部は日本ではクラークやモースと対面する機会を失したが、外国ではグレーやマクシモービッチのような権威ある植物学者と対面する機会に恵まれたことになる。なお同論文は帰国後の翌明治二三（一八九〇）年『ボストン博物学会誌』に発表された（『宮部金吾』一六九頁）。

在米中、一緒に渡米した渡瀬が尋ねてきたほか、アーマスト大学に留学中の内村も尋ねており、内村とは一週間ほど一緒に過ごした。さらに、ヨーロッパに赴いた際には、ドイツに留学中の新渡戸とベルリンで再会する。海外という環境もあるが、札幌農学校の同期生には同窓意識が強く相互の交流も盛んであったようである。宮部はドイツでも植物園を視察したほか、コッホの細菌実験室の視察も行った。飽くなき研究意欲が窺われる。

宮部は三年間の海外留学を終え明治二二（一八八九）年に帰国する。その頃の札幌農学校の教授は佐藤昌介と須藤義衛門の二名のみであった。須藤は駒場農学校獣医科の二期生で、ジョン・C・カッターの後任として明治二〇年から札幌農学校に勤務していた。翌二一年からは教授として獣医学、動物学、昆虫学等を担当し、その後明治二四年に東大に勤務するため札幌を離れることになる。

そうした事情から、明治二二年九月に宮部は南鷹次郎、大島正健、広井勇、吉井豊蔵とともに札幌農学校の教授に就任することになる。二年後の二四年二月になると、ドイツに留学していた新渡戸も帰国して助教から教授に昇格する。吉井は駒場農学校農芸化学科の二期生で、ホーレス・エドワード・ストックブリッジの後任として明治四〇年まで化学を担当した。したがって、吉井と須藤、そして工学科設置に伴い広井の誘いにより勤務することになったコーネル大学卒業の杉文三の三人を除いたほかは、札幌農学校の一期、二期の卒業生ということになる。

それぞれの役割としては、佐藤は明治二四年八月から校長心得となり（明治二七年四月校長）、明治二〇年に設置された工学科は、創設後間もない頃ということもあり、広井が「専らこれに当」ることになった。また、南は農場拡張の事務に当たるとともに舎監を勤め、新渡戸は教務部長となり、宮部は植物園の建設に努力していた。しかも、札幌農学校が北海道庁の所管にあったため、彼らは北海道の諸般の企画運営にも関係することになり、まさしく「八面六臂の活躍を」することとなった（『宮部金吾』一七四頁〜一七五頁）。

それと反比例して外国人教員の退職が続いた。工学科の設置にともない、明治二一（一八八八）年からカナダ人のミルトン・ヘートが採用されていたが、明治二五年に帰国することになった。ヘートはジョンズ・ホプキンス大学の大学院で数学や物理学を専攻した。

また、ブルックスの後任としてMAC出身のアーサー・A・ブリガムがヘートと同じ年に来日したが、ヘートが帰国した次の年の明治二六（一八九三）年に帰国した。ブリガムの離日により、札幌農学校に常勤する外国人教員は皆無となった＊11。

その背景には再三繰り返すことになるが、多額の経費を要する外国人教員から日本人の教員へと切り替えていく、明治政府の方針があったことはいうまでもない。そうした事情に加えて、この頃までに札幌農学校が自前で卒業生を海外に送り出すことにより、優秀な研究者として育ててきたことも、そうした方針を可能にした要因でもあったといえよう。

とはいえ、それによる逆効果も生じることになる。というのは、外国人教員との会話に英語は不可欠であったが、日本人教員との会話に英語は不必要となる。外国人教員との接触機会の減少は当然のことながら、学生の英会話力の低下をもたらしていくことになる。英会話力の低下は札幌農学校の商品価値、つまり「売り」の一つを失うことでもあった。

そのような事情もあってか、北海道帝国大学の三代総長となる高岡熊雄（一三期生）が、初期の卒業生たちは「全国のどの学校にも行き得た秀才たちが本校に入学してきた」が、そうしたレベルの学生たちが学んだのも「第四期卒業生の頃までであ」ったと回顧しているように、学生の質にもおのずと変化が生じていったようである＊12。

札幌農学校では明治二七（一八九四）年から実験実習仮規定が出来て、農学科の三年以上の学生に対して、その志望により農学実験実習、農芸化学と植物病理学実験、農業経済学演習の三つの中から一つを専攻するようにとの指示が出された。いわば「学科専門化の重大変革」である。それはまた、講義を担当する教員の専門分野の区分にも相当するものでもあった。というのは、農芸化学は吉井、植物病理学は宮部、農学実験実習は南あるいは新渡戸、そして農業経済学は佐藤あるいは新渡戸の専門に相当するからである。

そのうち、宮部のもとで植物病理学実験を選んだ最初の学生は四年生の高橋良直、千石興太郎、黒沢良平の三名、三年生の平塚直治の一名、計四名であった（『宮部金吾』一七五頁）。千石が明治二八（一八九五）年卒業の一三期生であったことは既に述べたが、この学年の卒業生は一一名で、高岡が首席、高橋が二位、千石が三位であった。その他卒業順位は八位ではあったが、昆虫学の研究で知られ、北海道の農業開発に尽力した松村松年もこの学年であった。松村は明治三三（一九〇〇）年から三年間ドイツに留学を命じられている*13。

このことから、高岡が言うように初期の卒業生の頃に比べて、優秀な学生が相対的には減少していたとしても、個々に

千石興太郎

松村松年

は優秀な人材を供給し続けていたといえよう。したがって、高岡の述懐には多少自分自身への謙りがあることを差し引いておく必要がある。

また、実科演習規定の専修課程ごとに、それぞれに教員と学生による研究会が結成されていくことになる。それには農業経済学関係のカメラ会（カメラルヴィセンシャフト〈官房学〉の略）、農芸化学関係の舎密会、植物病理学関係の植物学新

左から伊藤一隆、内村鑑三、新渡戸稲造、大島正健

著購読会、農学実科甲科関係のあるか会、乙科関係の畜産会等があった＊14。

宮部はこの後昭和二（一九二七）年に退官するまで札幌農学校→東北帝国大学農科大学→北海道帝国大学農学部に勤務することになる。この間一〇名の同期生は一人一人逝去していくことになる。広井が亡くなるのは昭和三年であったが、内村は「旧友広井勇君を葬るの辞」の中で、「君の同級同信の友にして、藤田九三郎君第一に逝き、足立元太郎君と高木玉太郎君と之に次ぎ、今又君が其後を逐ふて逝かれました。残るは宮部金吾君と新渡

戸稲造君と私の三人であります。之を思うて淋しさに堪えません」と述べていた＊15。

この後、昭和五（一九三〇）年に内村が逝去する。享年七〇である。続いて新渡戸が昭和八年にカナダで逝去する。享年七一である。この後南と町村が逝き（注15を参照）、札幌農学校の第二期生一〇人のうち、最後まで残ったのが宮部であった。

宮部は昭和二六（一九五一）年三月に逝去した。享年九〇である。その五年前の昭和二一年に文化勲章を授与された。戦後では法制史の中田薫や原子物理学の仁科芳雄等とともに第一回の受賞者であり（計六人）、札幌農学校の卒業生としては最初の受賞者であった。かつて内村から「甚ダ頑強ナリ」と評された藤田が同期生中最初に逝去したのに対して、「少シク虚弱ナリ」と評された宮部が一番長生きをしたことになる＊16。

三、新渡戸稲造と農政学、植民学

広井、宮部に続き、新渡戸の専攻した農政学、植民学の検討に移りたい。新渡戸の経歴に関しては部分的に触れたが、ここでは新渡戸がどのような経緯から右記の専門にかかわるようになったのか。さらに、自己の専門とどのように向き合ったのかを明らかにしていく。そのため新渡戸の経歴に関して補充が必要となる。なお新渡戸の基本的な文献として

新渡戸稲造

は『新渡戸稲造全集』全一六巻（教文館　一九六九年〜一九七〇年）が挙げられる（一九八三年〜二〇〇一年に全二三巻、別巻二として同社から再刊される）。

新渡戸は文久二（一八六二）年に現岩手県の盛岡に生まれた（〜一九三三〈昭和八年〉、享年七二）。新渡戸が農学の分野に関心を抱いた端緒は、よく知られているように旧南部領内の「不毛の大原野であった」三本木に十和田湖から疎水を引いて沃野とする開拓事業に、代々新渡戸家が深くかかわっていたことによる。そのことは明治三一（一八九八）年、新渡戸が三六歳の時出版した『農業本論』（『明治大正農政経済名著集』七巻所収　農山漁村文化協会　一九七六年）の「自序」で、「伯父は業に父祖の志を以て疎水に力を用い、仲兄は津田仙君の創立せられたる学農社に入りて農学を専攻することとな」ったが、そのような家庭環境が自身も「一身を農事に委せんとす」るようになった、と述べていることからも明らかである。

新渡戸が札幌農学校へ進学するにあたっては、官費制度による恩恵に与かるという心積りもあったが、この自覚もまた札幌農学校への進学動機となったことは否定出来ない。そのことは新渡戸が「最も力をこめて勉強されたのも農学であった」とする宮部の証言からも明らかである（『宮部金吾』八四頁）。さらに、宮部から新渡戸の農学の成績が一年次は九五点で二位、二年次は九五点で内村に僅差をつけての一位であった、とその勉強ぶりを称えていたことにも示されている*17。もっとも、三年次の第二学期の農学の成績は七六点となり、内村の八九点に比べると格段に低くなっている。成績は農学だけでなく、平均点も内村の九〇点に対して新渡戸は七七点と格段に差をつけられている*18。

このことは、新渡戸が卒業する二年前、つまりこの年度に憂鬱症に罹り、外出することもなく部屋に籠もって読書に耽っていたことにあったと思われる（『宮部金吾』八四頁）。内村によれば新渡戸は神経痛の持病があり、近視眼であったことに加え、「何事をも、試験し証明してからでなければ信ずることができな」い性格であったとのことであるが*19、そうした性格も病気を引き起こす要因の一つでもあったとも考えられる。

とはいえ、「農事に委せん」とした認識は在学中一貫して持続されていたようである。そのことは、開拓使に就職をする際にブルックスからの問かけに対し、広井が第一志望に農用土木を、第二志望に土木工学を挙げ、宮部が第一志望に植物学及び農業への実践的適応を挙げたのに対して（宮部の第二志望は無い）、新渡戸は第一志望として開墾事業を挙げ、第二志望に甘薯事業（トウモロコシから砂糖を取り出す研究）を挙げていた。さらに、卒業式に実施された演説会で、既述したように新渡戸は英語による「農業ハ開明ヲ賛ク」を演説したが、そのことからも農学研究への関心が示されているといえよう。

ただし、新渡戸が札幌農学校を卒業するまで、つまり在学中第一志望の開墾事業、第二志望の甘藷事業への関心をどのように持続させていたのかは必ずしも明らかではない。広井や宮部の場合にはホイラーやペンハーローのような専門家が在職していたことから、具体的なかかわりが不明な部分もあるが、それぞれ外国人教員から何らかの指導や感化を受けたことは想像出来る。広井や宮部の意志は卒業時の進路にも表明されており、卒業後の活躍範囲も在学中の感心事がそのまま継続していくことになる。新渡戸の場合、在学中に自身の専門を指導を担当することが出来たのはブルックスであった。ブルックスの農学講義に関しては「二期生の新渡戸稲造のノートによって見ることができる」とあるが＊20、新渡戸がブルックスから具体的にどのような指導を受けたのかについて十分検討されてはいない＊21。

新渡戸は明治一四年七月に卒業して開拓使に就職したが、翌年開拓使が廃止になったため農商務省の御用係となる。札幌農学校も農商務省の管轄下に置かれる。そこも明治一六（一八八三）年八月には退職をしている。その際、一期生の内田瀞や黒岩四方之進、あるいは同期生の町村金弥のように退職した後、やや後のことになるとはいえ、いずれも農場経営を行うなど実際に開墾事業に専念したのに対して、新渡戸は卒業時に開墾事業を希望していたにもかかわらず、内田や黒岩、町村のような関わり方はしなかったようである。

農商務省の御用掛を退職した直後の九月、二一歳で東京大学文学部に入り直すことになる。その際面接に立ち会ったのが外山正一であったことは述べた。外山から具体的な勉強内容を聞かれた際、経済学、統計学、政治学のほかに英文学との回答をしていた。文学部には経済学関連の講義も含まれており（担当は田尻稲次郎）、英文学に関しては札幌農学校在学中「殆ど全然的に英文学を志す」と述べていたように、新渡戸が以前から関心を持っていた分野でもあった。そのうち英文学に関してさらに外山から質問を受けると、新渡戸は「太平洋の橋になりたい」と返答した。外山にはその意味が理解出来なかったようであるが、明治二四（一八九二）年新渡戸が二九歳の時、英文で最初の著書となる『日米関係史』を発表する。さらに、大正八（一九一九）年、五七歳で国際連盟事務次長として国際舞台で活躍することになる。その片鱗は既にこの頃芽生えていたことになる。

内田　瀞

とはいえ、そうした意志表示にもかかわらず、新渡戸は入学した翌年の明治一七（一八八四）年には東大を中退して、既述したように佐藤昌介の誘いもあってボルチモア市にあるジョンズ・ホプキンズ大学で経済学や歴史学を学ぶことになる。このことからみると、二〇歳を少し越えた頃の新渡戸は農学にも経済学にも英文学にも歴史学にも、さらには国際関係にもそれぞれ興味を示してはいたが、さりとてその中から具体的な方向が選択されることもなく、いわば暗中模索の状態にあったといえよう。

そのような新渡戸の定まらぬ進路に影響を与えたのがアメリカに誘った佐藤であった。佐藤は卒業時の演説で「北海道殖民論」(日本語)を演説していた。その演説内容に関しては殆ど不明と言われているが、田中慎一氏は学生たちの研究発表の場として刊行された『農業叢談』の明治一三年から一四年に発表した佐藤の論稿に「北海道殖民論」の輪郭を読み取ることが出来るとする。『農業叢談』誌上の佐藤の論稿としては、「肥培の緊要なるを論ず」(二号、明治一三年二月)、「専農と通農の得失」(三号、同年三月)、「開墾地区画及び其取扱方を論ず」(四号、同年四月)、「渡島地方開拓総論」(七号〜一二号、同年七月〜一二月)、「貿易の権衡を得んと欲せは須く農産を起すべし」(一六号、明治一四年四月)等がある。それらは基本的には農政論であるが、同時にそれらの論稿には北海道を日本版北米のフロンティアと位置付け、そこへ「知力と資本に富める」植民者を労働力として供給するという論理。あるいは北海道が国内で相対的に人口過少・土地広大な開拓可能地であることから、欧米農法の導入・在来農法改良による日本農業躍進の急先鋒たるべきとする植民論が論じられている、と田中氏は分析をするとともに、そこから「北海道殖民論」の論旨をも浮かび上がらせる*22。

この後、佐藤は駒場農学校とその後身の東京農林学校、札幌農学校の卒業生により創刊された『農学会会報』の三号に「大農論」を発表する（明治二一年）。それは佐藤が欧米の実情に学びつつ、北海道農業の指針を模索することに狙いがあるとともに、「人口稀疎ニシテ気候ハ稍々寒冷邦土ハ未開ニシテ耕スベキノ原野饒多ナル地方」であることから、「移民ハ其ノ資財其知力素ヨリ米国ノ移民ニ及バ」ないとしても「農業経済ノ大局面ニ於テ熟慮スル所」があるとしたように植民論にも及んでいた（『農学会会報』三号二五頁）。これらのことから、佐藤は農政学をスタンスとしながらも、卒業演説以降、主たる関心はむしろ植民学にあったのではないかと考えられる。「大農論」を発表した翌明治二二年、佐藤は『殖民雑誌』に「北海道ノ移住ト外国ノ出稼」（二号）、「日本農業ノ改良ト北海道殖民トノ関係」（三号）、「小作農業ノ改良ヲ諭シテ北海道ノ殖民ニ及フ」（三号〜四号）と立て続けに発表しているが、そのことはまさしく佐藤の主たる関心を裏付けるものであったといえよう。明治二〇（一八八七）年に開講された農学科四年のカリキュラムに「殖民策」が置かれることになったことは既に述べた。

とはいえ、その講義は事情により開講されることはなく*23、明治二四（一八九一）年一月に至り「殖民史」が開講される。それが本邦最初の植民学の講義であるが、その講座を主に担当したのが佐藤であった。佐藤の植民論は欧米との比較が視野にはあったものの、主に北海道に力点を置いたものであった。その点が新渡戸と異なるところであるが、それについては改めて述べることにしたい。

佐藤は明治一九（一八八六）年、新渡戸より一足先にアメリカ留学から帰国して札幌農学校の教授に就任していたが、翌二〇年四月その佐藤から在米中の新渡戸宛に札幌農学校の助教に採用するにあたり、農政学を研究すべく三年間ドイツに留学せよとの連絡が入った。アメリカではまだ新しかった農政学は、ドイツでは既に豊富な研究成果が蓄積されていたためであるが、佐藤が新渡戸に農政学の研究を指示したのは、札幌農学校の当該分野のスタッフの充実を計らなければならない内部事情が絡んでいたと考えられる。それまで複数の専門領域に足を踏み込みつつも迷走していた新渡戸は、ここに漸く専門領域が農政学に限定されたことになる。とはいえ、以上のような経緯に照らせば、それは新渡戸の意志というより多分に札幌農学校の内部事情に制約されたものでもあったといえよう。

ドイツ留学中の新渡戸は、ボン大学、ベルリン大学、ハレ大学等で研究生活を送った。そのうちボン大学はホーレンツォレルン家の皇族たちの多くが学んでおり、「我国で申せば丁度学習院の如きもの」であった*24。また、ハレ大学の農学部はドイツでも最高の評価を受けており、そこで新渡戸は農業経済学や統計学の研究に没頭した。そして、明治二三（一八九〇）年、ハレ大学から哲学博士の称号を授与されることになった*25。新渡戸が二八歳の時である（『新渡戸』一二九頁）。

新渡戸はドイツ留学中の明治二三（一八九〇）年六月、プロイセン東部の植民事業の視察を行っている。それはビスマルクによって実施された施策で、プロイセンやポーゼン州等ポーランド人が多数居住する地域の土地を国家が買い上げ、小区画に区分して有利な条件を作り、ドイツ人の農業労働者に移住を推奨するというものであった*26。その視察が佐藤からの要請であったかどうかは不明であり、内国植民地としての北海道の実情を意識してのものかどうかも不明である。

それより、新渡戸がこの時植民問題に関心を抱いた経緯そのものが明らかではない。札幌農学校で「殖民史」の講座が開講されたのは明治二四年一月であったことは述べたが、その担当はほぼ佐藤であり、新渡戸が担当したのは明治二七年と二八年の二回だけである*27。交代したのは佐藤の校務が多忙であったからなのであろうか。その事情も明らかではないが、担当したことで新渡戸が植民学に関心を示したとの即断は出来ない。また、講義内容も不明なため、どのような植民問題を論じたのかも不明である。

新渡戸がこの後植民問題に深くかかわるのは、むしろ台湾総督府に勤務してからと思われる。その経緯について述べておくことにしたい。

明治二七年から二八年に及んだ日清戦争の戦勝の代価として、日本が台湾を領有化したのは明治二八（一八九五）年であった。それまで新渡戸は台湾との接触はなかったが、台湾総督府民政長官の後藤新平からの要請で、明治三四年に台湾総督府に就職し、翌年には台湾総督府糖務局長に就任する。その役職から明らかなように、新渡戸の任務は製糖事業を台湾の主要産業に成長させることにあった＊28。そのためには台湾の製糖産業の実情から調査をする必要があった。その結果、新渡戸は明治三四年九月に、台湾総督府の児玉源太郎総督に『糖業改良意見書』を提出する。それは「本島糖業の現状」から始まり「本島の糖産に適する理由」、「本島改良糖業方法」、「本島糖政上施設の急務」等四項目に亘るものであって＊29、極めて詳細な現状分析が行われていた。

後藤新平

児玉源太郎

この意見書の検討は本論の趣旨から外れるので省略するが、一点だけ付け加えておきたい。それは台湾総督府の糖務局長に就任したことの意味である。既述したように新渡戸が卒業時に開拓使へ就職するにあたり、開墾事業と甘薯事業を表明していたが、その一つがここに実現したとの指摘がある＊30。経歴だけを見れば確かにその通りであるが、卒業からこの時点まで甘藷事業への関心をどう持続させてきたのか。その脈絡は十分明らかにされていない。その間にどのような葛藤や模索があったのであろうか。検討の余地がある。

新渡戸の植民問題への関心は、新渡戸の東京帝国大学での門下生となる矢内原忠雄、高木八尺、大内兵衛等により、講義ノートを土台として編纂された「植民政策講義」に纏められている＊31。東大で植民学の講義をしたのは大正元（一九一二）年からであるから、植民学への関心は台湾総督府での体験が影響していることは否定出来ない。その体験を踏まえて、台湾つまり海外植民地こそが「まごうかたなき植民地」であり、「植民地とは新領土であり植民とは新領土への移住であると」の定義を行い、「独語の内国植民地は植民地ではない」とする解釈に収斂していくことになる＊32。このことから、佐藤の植民学が内国植民地北海道を対象としたのに対し、新渡戸はそれとは異なった次元の海外植民地を対象とする植民学であったことになる＊33。この後、佐藤や新渡戸が切り開いた農政学や植民学の研究は、いずれも北大教授の高岡熊雄や中島九郎（二八期生）等の門下生に引き継がれていくことになる。

高岡熊雄

植民地台湾に関してもう一点述べておく必要がある。それは札幌農学校の人脈とのかかわりである。新渡戸が台湾に転任する際、佐藤は「領台以来札幌出身者が多数就職せる縁故もあることゆえ、遂に新渡戸君の転任を承諾するに至ったのである」と述べていたように*34、台湾の植民地経営に関係した札幌農学校出身者が少なからずいたことが指摘されている*35。以下卒業年次順に見ておきたい。

新渡戸が台湾に赴任した際、最初は殖産課長のポストであったが、前任者は一期生の柳本通義であった。柳本は卒業後開拓使に勤務したが、北海道庁が設置されると一期生の内田と未開地に踏み入れて開墾事業に専念した。その後台湾総督府に植民地調査の主任技師として赴任し、そこで製糖事業や樟脳事業に尽力をした（『新渡戸』二一二頁）。旧知の柳本から新渡戸が様々な情報を得たことは容易に想像出来る。

さらに三期生の堀宗一は台湾総督府の臨時糖務局台南支局長として勤務していた*36。八期生の長崎常は明治四四（一九一一）年の時点で技師として勤務していた。長崎の卒業論文のテーマは「殖民外論」であったが、それは校友会として結成された学芸会の機関誌『蕙林』の二号〜七号（一八九二年〜一八九三年）に「殖民外論」として発表されていた。同じく八期生の藤根吉春は卒業論文に「牧草論」を選んだが、台湾総督府糖務局の台南出張所長のほか農事試験場長も務め、稲の品種改良に尽くし内地種の栽培を奨励した。所謂蓬莱米である（なお、蓬莱米の名称が使用されたのは一九二六年の大日本米穀大会からである)。さらに牛豚の改良も行うなど台湾農業の発展に貢献した＊37。

一一期生（明治二六年卒）の大島金太郎は卒業生では四人目の農学博士である。卒業論文は英文の「塩素及苦土の大麻繊維に及す試験成績」であった。卒業後の経緯に不明な部分もあるが、台湾総督府の農林専門学校の校長に就任し、中央研究所農業部長を経て、台北帝国大学の初代理農学部長を勤め、熱帯農業の研究を推進した（『新渡戸』五一八頁）。

そして、一三期生の高岡熊雄も台湾総督府と深い関係にあった。高岡は植民学の専攻で、卒業論文は「新植民地発達ノ順序」であった。明治三八（一九〇五）年、新渡戸の一行に加わり台湾の視察に出掛けた。高岡は台湾の各地を視察すると、後藤新平民政長官から調査報告の提出を求められた。併せて「プロシアに於ける国家的内国植民」と題する講演を依頼された。調査報告書は札幌に戻ってから「多少これに訂正を加え」て提出した。その調査報告書の内容は、後に『農業世界』や『大日本農会報』、『中央農事会報』、『国民経済雑誌』等に発表されていった＊38。さらに、阿寒湖のマリモの命名で知られる一八期生の川上瀧弥は、植物学専攻の農学博士であったが、台湾総督府民政部殖産局で『護謨樹之栽培法』を纏めた＊39。

卒業生は台湾だけでなく、北米や南米、南洋諸島などにも活躍の場を広げていったが、「はじめに」で述べたように、海外雄飛の精神は札幌農学校によって育くまれた開拓者精神の発露といえるのかもしれない*40。

註

1　逢坂信忢『クラーク先生詳伝』（丸善　一九五六年）四一〇頁。なおカーライルは一九世紀のイギリスの歴史学者である。夭折した新渡戸の息子の遠益（トーマス）はカーライルに由来するともいわれている。

2　外山敏雄『札幌農学校と英語教育』（思文閣出版　一九九二年）九五頁〜一三九頁。

3　ブルックスに関しては大崎恵治「札幌農学校における農学の特質」（『日本近代史における札幌農学校の研究』所収）、藤田文子『北海道を開拓したアメリカ人』（新潮社　一九九三年）「化学・植物教師ペンハーロー」と農学教師ブルックス」等に詳しい。

4　『新渡戸稲造全集』別巻（教文館　一九八七年）四三頁〜四四頁。

5　北大大学文書館の井上高聡氏によれば「学校の固有名詞としてではなく、学校の性格（札幌の高等技術専門学校）を説明的に英訳していると解釈すればあながち間違いではない」とのことである（井上氏の筆者への書簡）。

6　「札幌農学校」（『新渡戸稲造全集』二一巻所収）三七九頁。

7　内村鑑三「余は如何にしてキリスト信徒となりしか」（『現代日本文学全集』一四巻所収　筑摩書房　一九六七年）四二頁。

8　当時の東京外国語学校には加藤高明、末松謙澄、天野為之等が在学しており、高橋是清が英語の教師をしていた（『広井勇の生涯』三四頁）。

9『クラーク先生詳伝』四一九頁。

10「余は如何にしてキリスト信徒となりしか」九八頁。

11『北大百年史』「通説」九五頁。
12 小倉倉一『近代日本農政の指導者たち』(農林統計協会　一九五三年) 五三頁。
13 主な卒業生のうち、八期生の橋本左五郎 (畜産学) がドイツ、一一期生の大島金太郎 (農芸化学) がドイツ、アメリカ、一三期生の松村松年 (昆虫学) がトイツ、高岡熊雄 (農業経済学) がドイツ、一五期生の時任一彦 (農業物理学) がドイツに留学した。大島と橋本は農学博士、高岡は農学博士と法学博士、松村は農学博士と理学博士である。
14『北大百年史』「通説」一四二頁～一四三頁。札幌農学校学芸会編『札幌農学校』北海道大学出版会　一九七五年) 九七頁～一〇一頁。後者によればその他開識社、学芸会、農学会、遊戯会、誕生会、英文協会等がある。

15『工学博士広井勇伝』六頁～七頁。出典は『聖書之研究』三四〇号 (一九二八年一一月)。ところで宮部金吾「札幌農学校時代の新渡戸稲造君」(『新渡戸稲造全集』別巻所収) によれば、昭和八 (一九三三) 年新渡戸の逝去にあたり「札幌農学校第二期生十名の中、今日現存して居る者は僅かに南鷹次郎、町村金弥の両氏と僕の三名となりました」(四一頁) と述べている。生存者に違いがあるが、南は昭和一一 (一九三六) 年まで、町村は昭和一九 (一九四四) 年まで生存しているので内村の記憶違いである。

16『内村鑑三著作集』一八巻 (岩波書店　一九五四年) 一三頁。
17 宮部金吾「札幌農学校時代の新渡戸君」(『新渡戸稲造全集』別巻所収) 四二頁。
18『クラーク先生詳伝』四二〇頁。

19 「余は如何にしてキリスト信徒となりしや」四二頁。
20 「札幌農学校における農学の特質」三八頁。
21 高井宗宏編『ブルックス札幌農学校講義』（北海道大学出版会　二〇〇四年）を参照のこと。
22 田中慎一「植民学の成立」（『北大百年史』「通説」所収）五八二頁～五八三頁。
23 「植民学の成立」五九二頁。
24 高岡熊雄「新渡戸先生の追憶」（『新渡戸稲造全集』別巻所収　一九八七年）六九頁。
25 『農業本論』の「略歴」によれば、この後明治三二年の『日本農業発達史』で農学博士、明治三九年の「植民政策の論文」で法学博士を授与されたとあるが（二二三頁～二一四頁）、田中氏によれば後者「のような論文は存在しない」し「当時、論文なしで博士号は授与された」としている（「植民学の成立」六〇二頁）。博士号は東大評議会の推薦により文相から授与されたので、田中氏の指摘が正しい。なお、書名は『日本農業発達史』ではなく『農業発達史』である。「略歴」では二重のミスをしている。
26 高岡熊雄回想録編集委員会編『時計台の鐘　高岡熊雄回想録』（楡書房　一九五六年）八一頁。
27 「植民学の成立」五九二頁。
28 佐藤によれば「台湾が児玉総督後藤長官の時代に至り糖業政策を建直すべく農政学者を物色していた」ので（「旧友新渡戸博士を憶ふ」〈『新渡戸稲造全集』別巻所収〉三七頁）、東大で経済学を担当していた田尻稲次郎が後藤に新渡戸を推薦した経緯がある。
29 『新渡戸稲造全集』第四巻一六九頁～二二六頁。
30 『宮部金吾』八五頁、「札幌農学校時代の新渡戸君」四三頁。
31 『新渡戸稲造全集』第四巻「編者序」。

32 「植民学の成立」六〇一頁～六〇二頁。
33 新渡戸の台湾との関係は並松信久「グローバル化のなかの農業思想」（『現代に生きる日本の農業思想』所収　ミネルヴァ書房　二〇一六年）五三頁～六二頁に詳しい。
34 「旧友新渡戸博士を憶ふ」三七頁。
35 山本菜穂子「台湾に渡った北大農学部卒業生たち」（『北海道大学大学文書館年報』六号所収　二〇一一年）を参照。
36 佐藤全弘他編『新渡戸稲造事典』（教文館　二〇一三年）二二八頁。
37 若林功『北海道開拓秘話』二巻（時事通信社　一九六四年）一八七頁。
38 『時計台の鐘　高岡熊雄回想録』九五頁～一〇〇頁。
39 御厨貴『後藤新平大全』（藤原書店　二〇〇七年）一九〇頁。
40 一四期生の吉沢誠蔵や一八期生の伊藤清蔵等は自分の意志で北米や南米に雄飛したが、札幌農学校の卒業生が創設時から北海道のほか植民地の経営にも寄与することを求められた故に「雄飛」したものもいた（『北大百年史』「通説」一九九頁）。伊藤に関しては『南米に農牧三十年』（宮腰太陽堂　一九五六年）を参照。

伊藤清蔵

おわりに

台湾の植民地経営、その中心的な位置にいた後藤新平、後藤と新渡戸その他の多様な人脈に関しては、本論から派生するテーマとなるため省略することにしたい。

これまで明治九年の創立から、明治三〇年代の半ばまでの札幌農学校の発展を辿ってきたが、本論を閉じるにあたり若干の総括をしておきたい。

総括すべき第一の課題は、「はじめに」で指摘したように北海道開拓にあたって設立された札幌農学校は何故に「農学」の看板を掲げなければならなかったのか。そして、看板が「農学」であるにもかかわらず、多方面の専門領域を含有していたのは何故か、との問いかけであった。

この疑問に対しては、ある程度の解答が用意されたようである。いうまでもなく、モリル法に基づいて設置されたMACをモデルとした札幌農学校は、看板に「農学」を掲げざるをえなかったのである。そして、その看板の下に教育体系としては、農学教育と工学教育、理学教育、そして教養教育が配列されていたのであった。しかし、金子堅太郎の批判にあるように、高等教育を取り巻く環境がアメリカとは大きく異なるため、その理念は空回りせざるを得ない部分があったといえよう。とりわけ柱の一つであった教養教育は、近代日本においてその理念を支える土壌が殆ど育っていなかったことから、むしろ「弊害」が指摘される状況にあった。

その教養教育に関して、繰り返すことにもなるが外山敏雄氏は「一九世紀中ほどのアメリカの高等教育」は「高等教育発達の流れから見ると、ヨーロッパ（ドイツ・イギリス）の高等教育に一歩遅れた段階にあったことは否め」ないが、教養教育は「文化（科学や技術）の根底にあるものを教える教育であ」り、「古来教養教育の伝統を欠き、明治期になるまでその土壌がほとんど出来ていなかった」日本に対して、札幌農学校のアメリカ人教師たちは専門教育のみならず「文化の根底にかかわるリベラル・アーツ」を教えたと指摘する。

そして、札幌農学校は「北海道の開拓には直接あまり役に立たなかった」ことから「一時廃止論まで起きた」が、それに反して「もっと大きな、予期せぬ役割」は「北のフロンティアに開かれたこの学校」が「この国の近代化の推進力となる優れた人材を輩出して、精神文化の面においてこの国を開拓することに寄与」したとするのであった（『札幌農学校と英語教育』一四〇頁〜一四一頁）。

そこには速成に結果を求めるのではなく、長期的な視点で国造り、人造りに取り組むことが不可欠であるという趣旨が込められているが、それはまさしく札幌農学校の歴史的な存在意義そのものである。とはいえ、広井の項では多少論じることの出来た教養教育とのかかわりを本論では十分に論じてはいない。そこで、専門教育と教養教育がどのように連動するのか。その事例として一一期生の出田新（一八七〇年～一九四三年）を取り上げることにしたい。出田新は卒業直後に逝去した一期生の出田晴太郎の実弟にあたる。

出田新の自著『北米見聞記』（一九三二年）所収の「著者の経歴」によれば、出田新は明治三（一八七〇）年豊後国（現大分県）の日出藩士の家に生まれ、一六歳の時に上京して共立学校に入学する。その時の校長が高橋是清であった。その後東京英和学校（現青山学院大学）を経て札幌農学校の予科、さらには本科を卒業する。同校に進学をしたのは逝去した実兄の出田晴太郎の意志を継ぐためであった。

出田 新

在学中宮部や新渡戸の指導を受け明治二六（一八九三）年に卒業する。卒業後は青森、大分、新潟等の各地で中学校の英語教育に携わったが、明治三三（一九〇〇）年に大阪府立農学校の教諭となる。その当時の校長が駒場農学校農芸化学科卒業（一期生）の井原百介であり、教頭が同じく明治三〇年に同農芸化学科を卒業した山崎延吉であった。その布陣は例えて言えば飛車角を揃えていたようなものである。その後、明治三九（一九〇六）年に福井県立農林学校長となり、さらに大正五（一九一六）年には山口県立農業学校に移る。同校には昭和五（一九三〇）年に退職するまで校長として一四年間在職した。同校の初代校長が札幌農学校三期生の高岡直吉で、二代校長が井原である。出田新は同校の一五代目の校長であったが、大阪府立農学校の勤務から数えると三〇年の間、農業教育に生涯を捧げたことになる（『北米見聞記』二三六頁〜二三九頁）。

とはいえ、出田新は単に農業教育に専念していただけでなく「自ら研究することでもって教職員、生徒、そして地域社会に刺激と感化を及ぼす努力を続けた」のであった*1。というのは、出田新は大阪府立農学校在職中の明治三四年六月、宮部金吾の校閲を受けて『実用植物病理学』を著した。それは「現在の日本植物病理学の基礎に有之候」とされたものである（『北米見聞記』二三七頁）。さらに、明治三六年に同じく宮部の校閲を受けて『日本植物病理学』を著した。出田新は続けて明治三九年福井県立農林学校在職時に『植物病理教科書』を刊行するとともに、『増訂日本植物病理学』上・下巻を完成する。それを「正編」とすると、山口県立農業学校在職中の大正一二年に「続編」の上巻、大正一五（一九二六）年に「続編」の下巻を出版して、「多年の計画一段落を告げ申候」次第となった（同前二三七頁）。

このように農業教育に専念する一方で、出田新は農学校在職中植物学の研究にも絶えざる努力を続けていたが、その研究範囲は植物学研究に留まらず英語教育にも及んだ。それは農学校に英語教育不要論が見られた風潮に対して、危機感を抱いていたためでもあるが、「真に役立つ教科書づくり」を目指して、明治三七年から明治三九年にかけて農学校用の英語読本を三冊編纂する。その後も『実業学校用初等英文典』を手掛けたが、出田新の英語教育重視の姿勢は「札幌系の農学校長に共通する普通学尊重の教育観のあらわれであった」といわれている*2。それは英語研究というより英語教育研究というべきものであったが、いずれにせよ専門知識を修得するだけでなく、それを支える幅広い知識や教養さらには語学力の重視を説いたのであった。

出田新は大正一三（一九二四）年に山口県と文部省の助成を得てアメリカの視察を行った。それは出田新が英会話に堪能であったためであるが、その能力は札幌農学校での語学教育の賜物でもあった。それは出田新が言うところの「普通学」であるが、出田新は農学校の生徒に向かって「君たちは、職業の勉強も大切だが、同時に社会人として立派な活動のできる教養を身につけることも大切である。農学校出が社会に出て伸びないのは、普通科の教養が足りなくて、早くから専門に固まってしまい、融通がきかないからである」と訓示していた*3。

出田新は札幌農学校の草創期に蒔かれた教養教育の種を、自己の専門領域の研究とかかわらせて、見事に開花させた卒業生の一人であったといえよう。

註

1　三好信浩『増補版　日本農業教育発達史の研究』(風間書房　二〇一二年)一七五頁

2　同前一七三頁

3　同前一七七頁

あとがき

本書に所収した論文は以前私が勤務していた東京家政大学の『臨床相談センター紀要』一六集〜一八集（二〇一六年三月〜二〇一八年三月）に発表したものである（査読付）。その後引用した史料を再度読み直し、また初出の段階で見落としていた史料や文献等を確認して初出の論文に加筆訂正をしたものである。したがって、初出の段階よりも充実度は多少増していると思われる。

ところで、多くの著書の「あとがき」には出版に至るまでの経緯が述べられているのが恒例であるため、私もその例に倣ってその経緯を多少述べておくことにしたい。

六〇歳を過ぎた頃から農業史、農学史などの分野に関心が集まっていたが、その一つに本書として発表した「札幌農学校と「農学」研究」（原題）があった。最初の問題関心はこの学校が農学校という名称にもかかわらず、多様な専門知識を身に着けた幾多の人材を輩出していたのは何故なのかにあった。そのため紀要に発表した論文には農学に括弧を付けて「農学」としていた。

ところが、本書を書き終えた段階で括弧を外すべきであると考え直した。というのは札幌農学校の創立にあたってアメリカの大学をモデルにしたことが、校名に農学と付けざるを得ない事情にあったこと。それでも、校名は農学ではあるものの、そこには多様な研究領域が含まれていた。つまり「農学」を単なる農学と解釈するのではなく、多様な関連領域を包摂した農学であったということにある。そのため敢えて括弧を付けることに疑問が生じたからである。

また、札幌農学校では高度な専門教育が実施されていたが、同時並行して相互に連動する幅広い教養教育も実施されていた。卒業生たちはハイレベルな両者を身に付けることで実社会に羽ばたいていったのであるが、そのことから考えて原題より「農学研究」も外して本書を『札幌農学校の理念と人脈』とすることにした。

ところで、近年各大学で専門教育と教養教育の統合が説かれ、それらを統合した講義が学生に提供されている。札幌農学校はそうした統合教育の先取りをしたといえるが、その理念を取り入れた現在の大方の大学と違うところは、札幌農学校には統合教育（既述したようにそれもかなりハイレベル）を受容出来るだけの人材が集まっており、殆どすべてを消化吸収しきれたところにある。

農業史、農学史に関連した論文としては、本稿のほかいずれも以前勤務していた学内誌の『東京家政大学研究紀要』五四集～五八集（平成二六年三月～平成三〇年三月）に発表した「足尾鉱毒事件と農学者の群像」、『生活科学研究所研究報告』三八集～四〇集（平成二七年八月～二九年八月）に発表した「国立農事試験場制度の成立」、『博物館紀要』一八集～二一集（平成二五年三月～二八年三月）に発表した「大原農業研究所の設立と展開」、『教員養成教育推進室年報』二号～三号（平成二八年三月～三〇年三月）に発表した「安藤広太郎小論」等がある（安藤は国立農事試験場の第三代場長）。

このうち「足尾鉱毒事件と農学者の群像」は令和元年五月に同名の表題で随想舎から出版したので、それ以外の論文を纏めて『近代日本の農学研究機関』として出版しようと考えている。ただし、どのような序章と終章を付ければ辻褄が合うのか思案している次第である。

そして、同書の出版を以て「近代日本と農学研究」の三部作の完成としたい。その後明治二〇年代～三〇年代にかけて高峰譲吉や鈴木梅太郎が中心となり、財界の渋沢栄一や益田孝等がスポンサーとなって化学薬品や化学肥料の開発を行っていくテーマに取り組みたいと考えている。表題は『生命科学の開拓者』の予定である。とはいえ、私は現在七〇歳を過ぎたので、あとどれだけの仕事が出来るのか予想が付かない。そのため最低限探求心だけは持ち続けたいと願っている。

なお、本書の表記の中で英語の場合、ＭＡＣとかＭＩＴのように三文字あるいはＰＣＲのように四文字以下はアルファベットをそのまま縦に並べたが、misnomer のように文字が長い場合は見易いように横に並べて表記した。

さらに、札幌農学校といえば建学の精神にキリスト教があるが、本書ではキリスト教については全く触れていない。それは私がキリスト教に対する知識が皆無であるためで、敢えて省略することで安全策を図った次第である。そのため重厚感を損なうことになったことは否めない。読者に対して私の非力をお詫びする以外にはない。

末尾になったが、出版を取り巻く環境の厳しい折、本書の出版を快諾頂いた芙蓉書房出版の平澤公裕氏、および同社を紹介して頂いた佐藤能丸氏にこの場を借りて御礼申しあげる。

本書の作成にあたり、国立国会図書館、国立公文書館、北海道大学附属図書館北方資料室、同大学大学文書館、東京大学総合図書館、同駒場図書館、同農学生命科学図書館、同経済学部図書室、外務省外交資料館、東京都立中央図書館、東京家政大学図書館等々で資料の閲覧、複写を行った。お世話になった各機関にこの場を借りて御礼申し上げる。

著者略歴

山本 悠三（やまもと ゆうぞう）

1947年生まれ
2018年東京家政大学定年退職
現在、東京家政大学名誉教授　博士（文学）
専攻　歴史学・農政学
著書　『近代日本の思想善導と国民統合』（校倉書房）、『足尾鉱毒事件と農学者の群像』（随想舎）、『近代日本社会教育史論』（下田出版）その他。

札幌農学校の理念と人脈
—独自の学風はどのようにして生まれたのか—

2020年 2月13日　第1刷発行

著 者
山本《やまもと》 悠三《ゆうぞう》

発行所
㈱芙蓉書房出版
（代表 平澤公裕）
〒113-0033東京都文京区本郷3-3-13
TEL 03-3813-4466　FAX 03-3813-4615
http://www.fuyoshobo.co.jp

印刷・製本／モリモト印刷

ISBN978-4-8295-0782-7

【芙蓉書房出版の本】

知られざるシベリア抑留の悲劇

占守島の戦士たちはどこへ連れていかれたのか【2刷】

長勢了治著　本体 2,000円

この暴虐を国家犯罪と言わずに何と言おうか！　飢餓、重労働、酷寒の三重苦を生き延びた日本兵の体験記、ソ連側の写真文集などを駆使して、ロシア極北マガダンの「地獄の収容所」の実態を明らかにする。

◎第５回シベリア抑留記録・文化賞 受賞

誰が一木支隊を全滅させたのか

ガダルカナル戦と大本営の迷走　【3刷】

関口高史著　本体 2,000円

旭川で編成された部隊を襲った悲劇を巡る従来の「定説」を覆すノンフィクション。900名で１万人以上の米軍に挑み全滅したガダルカナル島奪回作戦。この無謀な作戦の責任を全て一木に押しつけたのは誰か？

極東の隣人ロシアの本質

信ずるに足る国なのか？

佐藤守男著　本体 1,700円

リュシコフ亡命事件、張鼓峰事件、葛根廟事件、三船殉難事件、大韓航空機007便撃墜事件。1930年代からのさまざまな事件の分析を通してロシアという国の本質に迫る。

ぶらりあるき北海道の博物館

中村　浩著　本体 2,200円

総合博物館から、開拓・アイヌ・北方民族などの独特の博物館、知床のガイダンス施設まで145館を紹介。

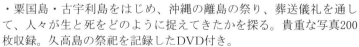